大展好書　好書大展
品嘗好書　冠群可期

大展好書　好書大展
品嘗好書　冠群可期

心靈雅集
70

般若心經的啟示

簡甄昕／編著

大展出版社有限公司
DAH-JAAN PUBLISHING CO., LTD.

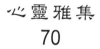

國家圖書館出版品預行編目資料

般若心經的啟示／簡甄昕編著
－初版－臺北市，大展，民 95
面；21 公分－（心靈雅集；70）
ISBN 978-957-468-464-9（平裝）
1. 般若部
221.45　　95006688

般若心經的啟示

ISBN 978-957-468-464-9

編著者／簡　甄　昕
發行人／蔡　森　明
出版者／大展出版社有限公司
社　址／台北市北投區（石牌）致遠一路 2 段 12 巷 1 號
電　話／(02) 28236031・28236033・28233123
傳　真／(02) 28272069
郵政劃撥／01669551
網　址／www.dah-jaan.com.tw
E-mail／service@dah-jaan.com.tw
登記證／局版臺業字第 2171 號
承印者／傳興印刷有限公司
裝　訂／建鑫裝訂有限公司
排版者／千兵企業有限公司
初版1刷／2006 年（民 95 年） 6 月
初版2刷／2008 年（民 97 年）11 月
定價／180 元

前言

您和本書的不期而遇，想來也算是一種很不可思議的緣份。在太平洋的深海裏，住著一隻雙眼失明的大海龜，這隻海龜每隔一百年才浮出海面一次，藉以呼吸新鮮的空氣，然後又潛回海底。

一百年一次浮上海面的大海龜，在快要浮出海面時，剛好有一塊破舊的木板飄浮過來，木板的中間有個洞，什麼也看不到的大海龜，在竄出海面的一霎那，就這麼湊巧地從洞中鑽了出來，這實在是很稀有的巧合，有人稱它作「盲龜浮木之緣」。

您在書架上琳瑯滿目的書籍中能拿到這本書，說來也像稀有的「盲龜浮木之緣」一樣。

各位現在可能為了工作的事情、未來的事情或是生病的事情，甚至為家庭、同事、朋友、戀人等人際關係上的事情正感到懊悔不已或迷惑不是嗎？

如果真是這樣，那麼，想要早些脫離這樣的困境，消除內心不安的話，般若心經無疑是最有效的。般若心經可說是一切佛教經典的菁華，短短的二百六十二個字經文，道盡了世間萬物的基本形態與運用法則。對於每天為人生問題苦惱的人而言，「怎樣地生活比較好？」「怎樣才能和別人相處不起衝突？」諸如此類人際關係方面的問題，般若心經裏都有詳細的解釋和說明。

在般若心經經文中，「苦」這個字屢屢出現。這個苦字就是在「古」字上加個草字頭，換句話說就是「古草」的意思。大概古時候的草不管是那一種，只要煎來當藥喝都是苦的吧！但是藥雖然苦，當中卻有很多是可以拿來治心臟病的。

心臟方面的疾病，也可以說是心的病，所以若覺得心很痛苦時，「請試著喝喝苦藥吧！」這樣的話常常可以聽到。大概是因為喝了苦藥後就能體會到無病一身輕的快樂才如此說的吧！「苦」這個字，該怎麼說呢？

「當你遭遇艱難時，『苦』對你而言，就是一種藥，藉著品嘗這樣的『苦』，你將得到日後應該獲得的快樂。」

般若心經就是當你面對種種的苦痛時，能為你輕鬆地承接下來，就如同玩遊戲一般地快樂，你將能高興地期待度過那些可能接踵而來的痛苦。般若心經文中有所謂的「無苦集滅道」，把人類的痛苦劃分為身體上和心理上的各四種。把這些痛苦的原因集中起來，追究其源就是「人類的慾望」。而消除這些痛苦的方法雖然不勝枚舉，但最重要的便是去一一實踐它。畢竟不管是怎麼好的特效藥，若不試著去吃吃看，是不會知道效果如何的。

在這個世界上，住著不少抱持苦惱心態的人。而經文首句提到的「觀自在菩薩」，即是一位不帶任何偏見，以自由自在心態觀看世間萬事萬物的菩薩。那麼，何不試著和菩薩一起，如同從人造衛星上看地球一般，從般若心經中來一窺這迷離惚恍的塵世！

如「行深般若」所說一般，何不試著靜坐（坐禪），運用智慧來推想「前世」、「今世」、「來世」這三個世間的關係。你可能會第一次感覺到，「我在有生之年只想著今世，而對於先祖在前世的善惡因果，在今世出現應驗且繼續流傳到來世這碼子事，可是一點概念也沒有。」所以，「好吧！就從現在開始對未來的生涯徹底計畫一番，定個未來計畫表吧！」如此一來，就如同「顛倒夢想」所說一般，你就明白在此之前你所想的事情，是如何不合道理而偏執於一方。

在這世上一事就是萬事，從一個人的小行動來看，就可知道其想法有無錯誤，為了化解這些錯誤，藉「無」這樣的修行似乎是比較好的。如果藉由修行而能大徹大悟，則可成為「菩提薩埵」。「菩提薩埵」也可以簡稱為「菩薩」。要成為菩薩則非積「波羅蜜多」之修行不可。這個修行可分為六個層面，稱之為「六波羅蜜行」。

一、布施的修行……把金錢、知識、技術等布施給他人。

二、自身守戒的修行……對自己的行為、說話、邪心等做謹慎修行。

三、忍耐的修行……能夠覺悟人生就是忍耐，有多大的苦也要堅忍的修行。

四、專心致志的修行……不管做任何事，一定要有始有終，絕不半途而廢的修行。

五、心定的修行……不管發生什麼事，都能認為「這是世上本有的事情」，做到逍遙心定的修行。

六、智慧的修行……利用累積至今的經驗，配合自然道理來生活及思考的修行。

諸如此類的修行，必須是在一種無礙無拘的心情下來進行的，但這並非是輕而易舉之事。「凡事皆從大處著眼，而不受局限，這事的確不容易做到」，各位這樣的心情是可以被理解的。

任何人都有「五種慾望」，只要拘泥、執著於這些慾望，便無法盡心於修行。如釋迦佛祖所說：「把貴族的尊位、大宅子、喜愛的女傭、可愛的小孩、富有的財產全部捨棄來修行吧！」這樣的心便是「無所得」，對任何東西都不執著，以一種無所得的心態來修行。

在不知不覺中，可能原本認為「不幸」的變為「幸」，也就是「因禍得福」吧！這是因為你的心是「空」的，所謂的「空」並非什麼都沒有，而是如同「什麼都可以敲出來的神奇小鎚子」一樣，為一種暫無狀態。

「空」，是宇宙間一種無止無盡的能源寶藏，你的心如變為空虛時，身體也會如同宇宙能源的貯藏庫一樣。所以「只要人類想做，什麼事都可以做得到」，自覺如此，也就能信心十足了。

如此一來，就會發覺周遭人的優點，在家裏可以看到你的丈夫、妻子或小孩子的優點，不禁反省到「在此之前我所以說別人的壞話，是因為我沒有發現他們的優點啊！」那麼，你對部屬、小孩就能從另一個不同的角度來看他們了。所以，變得能夠依照他們的能力適材任用，小孩、部屬都樂於工作、學習。除此之外，教法也很重要，你能像「地藏王」一般，為部屬、小孩向神祈福，他們也一定會感受到你的心意，讓部屬、小孩們早日變得優秀出色。像這樣地為別人傾心祈福祝頌的心境，就叫做「究竟涅槃」。

運用你在這世上幾十年的人生經驗，再加上「般若的智慧」，用心教導小孩或部屬等，過個有價值的人生。「無論是什麼，任何時間都要教……」，這就是「羯諦羯諦」的說法，意思是「去做去做」。

這世上只有你的小孩、部屬嗎？不！還是只有你自己一人？不！要不然只有人類嗎？那也不！還是只有地球，都不是，不管在那裏都要試著去做，而「去做去做」，也就是「行動吧！實踐吧！」

佛教並不僅僅知道佛教知識便可，而是要確實為這世上做點事。如果真能這樣的話，你也有可能成為「菩薩」。般若心經全部都是由咒文所組成的，各位不妨合掌大聲誦念。

目錄

第一部

第一章 般若心經的大意

第二章　般若心經的小意

第二部

第一章　苦集滅道

第二章　觀自在

第三章　行　深

第四章　顛倒夢想

第五章　般若波羅密多

「以浩翰天空的心境來經營自己的生命
以汪洋大海的慈悲來造就全部的生命」

第一部

第一章 般若心經的大意

般若心經到底是怎麼樣的經文呢？有時我們聽別人誦經，常覺得那聲音十分刺耳。的確，經文是很難當下理解的。但是，偶然地看到經文時，那如咒文般排列的字，也實在叫人難解其意。就是這樣地，這些咒文常令某些人大惑不解，但是，卻隱含相當深奧的意義。到底有著什麼樣的微言大義呢？讓我們試著去對它提綱挈領研究一番吧！（以下所讀的文句與解說是以插頁方式來安排的）

佛說摩訶般若波羅蜜多心經

佛祖以偉大的智慧，解說如何達到悟道境界的路途，歸納出佛教精義，乃為最重要的經文。

觀自在菩薩行深般若波羅蜜多時照見五蘊皆空度一切苦厄

觀自在菩薩——觀音（修行的釋迦）本著偉大的智慧，隨著所謂的波羅蜜多行的悟道，專心於深沈的冥想。

所以，不知不覺中（這世界上有生命的人、物，一切的有形物，不久將消失得無影無蹤，化為烏有……，如能深明此理，人生的所有苦痛將得以解除。拿河川來做譬喻，種種的迷惑、痛苦都從此岸遠離，到達快樂的彼岸）能這麼想，就可悟透世間諸事。

舍利子色不異空空不異色色即是空空即是色受想行識亦復如是

接著告訴弟子們：

「這世上一切的有形物體都有色，在此以色來表示一切存在的物質，然而，這世上的任何物體，都將會隨著時間的流逝而幻滅成空。接著，在此空虛之中，基於因緣相會關係，原子集合成分子，分子又集合而成物質。所以說，色和空在根本上是相同的，因此，物質也可說是一種空。

對了，不僅是人類的肉體或物質會有『色』和『空』兩種狀態，還有一種叫『受想行識』的東西（指人的感覺、情感、意志、判斷力等），也一樣會變成空。」

舍利子是諸法空相不生不滅不垢不淨不增不減

舍利子啊！我——釋迦牟尼所說的「五蘊皆空」的教義，都是大自然的形態的。

這個大自然的生命，如果沒有生就不會有死。

這宇宙若沒有污，則不會有淨。

再說，這大自然的生命也是不增則不減的。

是故空中無色無受想行識無眼耳鼻舌身意無色聲香味觸法無眼界乃至無意識界

所以空虛之中，無所謂色的肉體，也就沒有所謂「受想行識」的心。如此一來，因為沒有眼睛、耳朵、舌頭、皮膚等感覺器官的作用，所以也沒有色、香、味、觸摸的感覺。

當然，因為失去了看的世界、聽的世界、聞的世界、味的世界，感觸的世界，所以，意識的感覺世界也變得一無所有了。

無無明亦無無明盡乃至
無老死亦無老死盡無苦集滅道
無智亦無得以無所得故

人類若從一開始就沒有「無明」這煩惱的話，也就沒有消除煩惱這樣的事情。

人若沒有出生這個過程，當然也就沒有年老死去那麼一回事。因此，不去追究人生痛苦的原因，沒有苦，也沒有消除痛苦的事情可言。

若沒有修行的方法，沒有開悟明道的智慧，那麼，也就沒有明心見性這樣的事情了。

菩提薩埵依般若波羅蜜多故
心無罣礙無罣礙故無有恐怖遠離
一切顛倒夢想究竟涅槃三世諸佛
依般若波羅蜜多故得
阿耨多羅三藐三菩提

而一旦下定決心往徹悟的道路去，已修行波羅蜜多的人，因為已真實地徹悟了，所以心無掛礙，如能心無掛礙，也就沒有什麼不安和恐懼。

遠離一切錯誤的想法與妄想，就可以通往徹悟的世界。過去、現在、未來的三世諸佛，都已徹底悟道，所以能持有最高的智慧。

故知般若波羅蜜多是大神咒
是大明咒是無上咒是無等等咒
能除一切苦真實不虛

要學得最高的悟道智慧，必須實行波羅蜜多才可以。這般若心經的經文，實在是能產生神奇效果的經文。那實在是非常適切明確的無上信條，而他物實難與之比擬。

如果秉持這無上的信條來修行，則可消除一切的苦惱，實在如此而非虛假。

故說般若波羅蜜多咒即說咒曰
羯諦羯諦波羅羯諦波羅僧羯諦
菩提娑婆訶般若心經

所以，我們宣揚般若心經的咒文。那麼，此波羅蜜多信條的般若心經咒文，應常常掛在嘴邊低聲頌唸，做為永久的目標向前邁進。

「我要去，你也來吧！大家一起同行，到達徹悟的世界。」

般若心經完。

第二章 般若心經的小意

那麼，您已經懂了大概的意思吧！當然說這些事情，對般若心經可以有少許的了解，但是，僅僅抓住文脈，是無法透徹理解般若心經所隱含的不可思議，無限的神秘力量的。頌唸這經文，深思、把教義每日確實實行，去除一切不必要的煩惱。於此，對經文作更進一步、更詳細的了解，是有其必要性的。也因為如此，藉由般若心經更開闊了你的人生。

佛說摩訶般若波羅蜜多心經

所謂的佛心，離我們不遠。可以說人人都具有它，只是因為佛心與我們太過於近，倒反而不易看見了。

庸庸碌碌忙於生活的人，並不會刻意去注意這事情。而釋迦尊者，是住在所謂「靈界宇宙」的「宇宙人」，這個宇宙人心地十分和藹善良。因為人性原本就持有佛心，所以任何人只要修行皆可成佛。

為了證明這點，這位「宇宙人」自「靈界宇宙」來到地球。生而為人類的釋迦尊者，就是靠修行成佛而彰顯於世的。

佛祖的話是「真心的話」，也稱之為「真言」。這些真言的字字句句，都含有百千萬無數的「宇宙道理」。佛祖以廣大而無邊際的智慧，宣揚「到悟道世界的道路」，他說：「請真正地理解事物，通曉宇宙的道理，以浩翰天空般的心境來經營自己的生命，以汪洋大海般的慈悲來造就一切的生命。」

這是般若心經中所提到的。

觀自在菩薩

觀自在菩薩就是觀世音菩薩，簡稱「觀音」。

在佛尊的世界中也有階級的劃分，如「阿彌陀如來」、「藥師如來」之「如來」，約為上將的職位。「地藏菩薩」、「彌勒菩薩」的「菩薩」，大約是中將的職位。而如「不動明王」、「愛染明王」的「明王」，則大約是少將的地位了。另外「四大天王」的「天眾」則是守護佛教的神明尊者。

可是佛尊者是可以變化的，能依對象而立即變身。譬如，觀音尊者就能變身成三十三種佛尊的形象。

然而佛尊之中有各自擅長的領域，觀音尊者最擅長於「消除人類的不安」。

釋迦修行悟道後即成了菩薩，成了菩薩後則有成為如來的資格。成為觀世音菩薩的釋迦尊者，為什麼不成為如來呢？其原因是「特意到達悟道的境界，若只有一個人成為如來的話，則違反了民主主義。應以一個人來引導其它的人也達到悟道的境界」，因此下定了決心，留在菩薩的職位上。

行深般若波羅蜜多時

所謂的悟道，是要有正確判斷事物智慧的。而這智慧必須出於自身。

所謂的波羅蜜多，以河川為例，我們將生存、死亡而猶豫的塵世比作此岸，那麼，無生無死的涅槃境地則是對岸。而河川的流動就是我們的煩惱。

菩薩以聰明的智慧，沈著的心。乘著深思的船從迷惑的此岸到達涅槃的彼岸。這是「深厚的修行」，我們在讀過許多經文，獲得不少佛教的知識後，若是不親身實踐的話，就如同數別人的財產是一樣的。

所以要成為菩薩，絕不是光靠深思冥想的功夫便可，「波羅蜜多行」的修行才是最為重要的。這個修行可分為六個項目，稱之為「六波羅蜜行」。

一、「佈施」，向別人佈施。

二、「持戒」，遵守自己的戒條。

三、「忍辱」，受人侮辱、冷淡對待、也要忍耐。

四、「專心致志」，每天的工作都認真篤實去做。

五、「禪定」，任何時間都保持心定。
六、「智慧」，合乎道理運用智慧。
以上的六個修行，不間斷的實踐是很重要的。

照見五蘊皆空度一切苦厄

在修持六波羅蜜行時，釋迦尊者這樣地想：
「所有的物體都有色，所以全部的物體皆可稱之為『色』。而全部的有生物均由色和心所構成，心驅動感覺、感情、意志、判斷等意識作用。而人類這個有生物是由五蘊所構成的，也就是色和四個心。可是當今世緣盡壽終之時，這五蘊也會解散而去，再回到眼睛所不能見的空虛世界裏。」
於是尊者恍然大悟。「是啊！這就是宇宙的本真狀態哩！人類常為過去的事悔恨不已，對將來的未知感到不安煩惱。可是只要面對現實，知所當行就可以了，誰也不曉得明天將會如何。」釋迦尊者於是從人生的一切苦惱中解脫出來，真正開悟了。此後釋迦尊者就叫做觀世音菩薩。

舍利子色不異空

在釋迦尊者的眾弟子中，有十位特別優秀的。其中又以「舍利子」最有智慧，其他分別是「目犍連」、「摩訶迦葉」、「阿耶律」、「須菩提」、「富樓那」、「迦旃延」、「優婆離」、羅睺羅」、「阿難陀」，這些帶有種種優秀特徵的弟子們，當釋迦牟尼宣揚自己悟道的內容時，總稱他們為「舍利子」。

以「色」代表宇宙間所有的物體，但這些物體的形體只佔宇宙空間的一部分。但是，這些物體不管何等貴重，只要經過一段時間便會腐朽幻化為塵埃，消失得無影無蹤。不過，這絕對不是沒有了，米變形而成為酒裝在瓶子裏，成為看不見的能源貯存在空間之中。

這就是大自然的法則。海水受日照而蒸發成雲氣，然後又成雨落地，再流入浩翰的汪洋大海中。萬物都是依因緣而轉變的，因此「色無異於空」。

空不異色色即是空空即是色

的確，這宇宙是個依循某種法則在運作的法界。而宇宙法界的事情，通常稱之為「空」。天空是空，但絕非空空如也。而是含有氧、氮等元素的寶庫。

就如『一寸法師』的童話中所寫的「敲出的小槌」，往裏面乍看之下什麼都沒有，但敲打一番則什麼都跑了出來。

「敲出的小槌」是個超小型的原子爐也說不定。所以，天空就是個超大型的原子爐，換言之，空洞的宇宙就是個靈界。以靈比作海，風向海上吹，因緣而出現了大火波浪。人類生於世上，風停了，緣盡壽終，波浪消失而回復平靜，人死即回歸靈界。

波浪由海中產生又再回到海裏，人類的肉體由空虛之中產生，又必將重回空虛之中。所以說「空不異色」，總而言之「所謂色即是空，空即是色」，其道理是一樣的。

受想行識亦復如是

所謂的五蘊即是集色和四個心而成的。而此四個心的動作，即是感覺、感情、意志、判斷等作用的產生。

被驅動的感覺以「受」來表示，感覺的驅動稱為「想」。意志的驅動以「行」來表示，驅動判斷的則稱為「識」。總稱為「受想行識」。

所以，當稱為色的肉體回歸空虛之中，伴隨此肉體的受想行識也一樣，從空中來亦回歸於空虛之中。

把人存活時稱為色的肉體比擬為旅館，把受想行識當做是住在旅館的旅客，旅館發生火災或古舊腐壞，不得已旅客也只好回歸到屬於自己的空間去。

人類都認為身體是自己的，但是，自己的呼吸和食慾，則不能以自己的意志來驅動。如此看來，這世上唯一的自我，唯一的一次人生，非過得有價值不可，也唯有如此，才不枉費走這麼一遭。

舍利子是諸法空相不生不滅不垢不淨不增不減

釋迦尊者每次都呼叫著「舍利子啊！」這個悟道的內容，隱含著無比深奧的精義。

由五蘊所構成的我們的身體，現在雖然還活生生的，但只不過是這世上短暫的過客，歸根究底「人生不過是場幻夢而已」。

年輕的時候覺得人生好長好煩，然而快要結束時，就如同天上掉落下來的一滴雨粒一樣，著地時的瞬間時間是很短暫的。

在這短暫的瞬間裏，所有的物體，都將以原本的形態，回歸到屬於自己的空間中，這就是大自然的法則。

此外還有一個「能源不滅」的法則，能源充滿在宇宙的四方空間中，沒有生則沒有滅，沒有污則沒有淨，再則沒有增就不會有減，這是一定的，也是宇宙的原真狀態。

是故空中無色無受想行識
無眼耳鼻舌身意無色聲香味觸法
無眼界乃至無意識界

因為如此，假若在空間中，稱為色的身體與所謂心的受想行識均消失無形，會變得如何呢？

我們人體的表面，有眼、耳、鼻、舌、皮膚等感覺器官，而人的內部意識則有受想行識的心。

眼睛能捕捉外界的色而傳達給心，耳朵能捕捉聲音而傳達給心，鼻子能捕捉氣味而傳達給心，舌頭捕捉到味道而傳達給心，皮膚則能感覺而傳達給心。

色是因眼睛向內心傳達，此為視覺世界；聲音靠耳朵向內心傳達，此為聽覺世界；氣味藉鼻子向內心傳達，此為嗅覺世界；味道依舌頭向內心傳達，此為味覺世界。至於觸覺世界，則是觸感藉皮膚向內心傳達所造成的。這五個感覺和第六感的心是意識的世界。

所謂受想行識的心，既可知曉日常生活中事物的因緣關係，又能意識到世間的道理。但是，如果我們沒有肉體和心，自然也就沒有附在身上的眼、耳、鼻、舌、皮膚、意識的心。

所以，也不可能有色、聲、香、味、觸覺的內心傳達作用，而所有的感覺和意識世界也都消失無存了。如果能這樣想，什麼樣的苦痛也都不存在了。

無無明亦無無明盡

然而，生活於現實的我們，要體認「什麼也沒有」這樣一種感覺，是十分困難的。在此我們不妨想想，是什麼樣的因緣從先祖透過祖父母、雙親流傳到我們身上來，又是基於何種因緣，再從自己往小孩或子孫的身上流傳下去。

因緣的因，就是原因的因，拿植物來說就是種子，緣則是不期而遇的。一粒麥種掉落在田地上，受到日曬雨淋，因這樣的機緣而滋長孕育，不久便結成果實。

種種因緣的產生就是緣起，然而緣起有好有壞，從過去、現在到未來，人生具有十二個階段的緣，稱之為「十二緣起」。十二支的「干支」就是由此而來。

這頭一號就是「無明」，如同文字一般，我們無法窮究其明，這世間的道理有時也是不明的。

說成煩惱比較好吧！自己沒有注意到，就一股勁的任性追求盲目的慾望。這種無明的心，是與生俱來的，從父母那兒無意識地流傳下來的。

如果沒有無明的心就說是「無無明」，那麼「亦無無明盡」就是說無明沒有盡了的時候……。

乃至……一

這個「乃至」的文字是十二緣起的第二項到第十一項的省略。「無明」的下一項是「行」，所謂的「行」就是行動，實行的意思。

從過去的祖先或雙親本著「無明」的盲目本能來行動，而種下了一種好、壞的果，稱之為「業」，且存在於雙親的內心之中。

雙親由於緣份而結婚，懷孕時，雙親所持有的種也深植於孩子內心之中。此時便是第三項的「識」。

接著，懷胎後四週時稱為「名色」。色就是指身體，嬰兒的心已開始具備認識外界自然現象的能力了。受胎後進入第五週，達到所謂「六處」的階段，不用說，嬰兒的眼、耳、鼻、舌、身等感覺器官也已形成。再經過二百八十天，胎兒便脫離母體，初次和外面的世界真正接觸，這便是第六項的「觸」。

乃至……二

十二緣起的第七項稱為「受」，和受想行識的受一樣，嬰兒以眼接受色、以耳接受聲，由於深植於嬰兒心中的「罪業報應種子」不同，嬰兒的接受方法也不盡相同。不久成長中的嬰兒到了少年少女的思春期，對於人、物都有強烈的愛情感受。這是第八項的「愛」。

有愛就一定會付諸行動，愛情越深，則越想占為己有而執著，這種階段就是第九項的「取」。

取的行動成為習慣，不管是好是壞都已深植於心底，這種狀態就是稱之為第十項的「有」。接下來第十一項的「生」則因我們生小孩而繼續承傳下去。最後便是迎向第十二項的「老死」。

就這樣地，生前作為的善業、惡業的種子，深植於子孫後代的心中，因我們死後又從現在轉移到未來。

無老死亦無老死盡

像這樣的十二緣起，從「無明」、「行」這樣的過去世開始，到識、名色、六處、觸、受、愛、取、有的現在世，再到生、老死的未來世，循環不已一直流轉下去。

因是依緣而成果，果又成為因，緣也可成為因，接著又成緣和果。而生與死的重複變化，就是人生的輾轉反覆。

「如果，我們沒有生在這世上的話……」，用這樣來思考，那麼固執、任性的無明就無從得生。而且也沒有老死或老死盡這種念頭。

但是，特意地來到這個世上走一遭，積善存德，為後代子孫種下良果，則是我們所期盼的。

無苦集滅道……一

釋迦尊者說「人生是苦」，但是沒有消除痛苦的方法嗎？有的！有鑑於此，先將苦加以分類，接著追究苦的原因。

痛苦的種類就如同「四苦八苦」的說法一樣，有肉體變化上的四個苦——生、老、病、死和驅動心的四個苦痛。

譬如和喜歡的人必須生離死別，這是「愛別離苦」的苦痛；不想和討厭、怨恨的人見面，這是「怨憎會苦」的苦痛；自己想要的東西未能得到手，這是「求不得苦」的苦痛；肉體上的精力充沛，但無從渲洩，這是「五蘊盛苦」的苦痛。

那麼，這些四苦八苦的苦痛原因，究竟是什麼呢？原因只有一個，那便是人類慾望的心。「想要活的久一點，不要年老力衰，不要生病、不要死」，這樣的慾望與心情是大家都有的。

無苦集滅道……二

「不要和愛人分開；不想看到討厭的人；想要的東西就要得到手；精力過於充沛就想要發洩。」這些的心情是大家都有的。

雖然知道了痛苦的原因，那還是不行的，為什麼呢？抱持有慾望絕非壞事，但是，如果太過執著於那個慾望，迷惑人心的煩惱便會因此而生。

如果真是這樣，那麼要怎樣做才能減少煩惱呢？這個方法就是「八正道」，八個正確指引人生的生存方法。

其一是「正見」，就是正確的看法。

其二是「正思惟」，就是要有正確的思惟方法。

其三是「正語」，就是正確的說法。
其四是「正業」，就是要有正確的作為。
其五是「正命」，就是過正確的生活。
其六是「正精進」，就是要正確地努力奮鬥。
其七是「正念」，就是秉持正確的信念。
其八是「正定」，就是正確地統攝心理。
以上便是正確生存方法的修行信條，如果心中無此四苦八苦的人，也就沒有集、滅、道的必要了。

無智亦無得以無所得故

所謂的無智，並非什麼都不知道，這是一種睿大的智慧、高深的智慧。大智的智並非僅止於獲得知識，而是知道事情的根本道理與真義。
另外，所謂的「得」就是得到，因為執著於得，所以拘泥於俗事。因此，拘泥於財產、學問、意識形態，而緊緊抱持的東西，便稱為「所得」。

歸根究底，人類從「無明」開始的十二緣起，所呈現的都是暫時狀態，自己活在這世上，就如同自己的模樣映在鏡子中，離開了鏡子，模樣也就消失。所以，即使覺得鏡中的自己是多麼美麗，比別人多麼地有才能，也不該因此自以為傲。

以睿大的智慧來看這個世界的即是「無智」，不拘泥於事物而無妄求便是「無得」，所以，要能不被感情的糾紛所牽絆，做一個逍遙自在的「無所得之人」。

菩提薩埵

在此之前的各項，「什麼都做『無』來想」，是一種無無無盡的否定論。但是，從本項開始，是「徹悟後會如何？從現在起該怎麼做？」這一類的肯定論、實踐論。

觀自在菩薩的菩薩是「菩提薩埵」的簡稱，也是一種暱稱，而「菩提薩埵」是其本名。

所謂的菩提是「悟」的意思，薩埵是「人」的意思，因此，所謂的菩提薩埵，便是「悟道之人」的意思。但是，平常仍以菩薩的暱稱來稱呼。

悟道的菩薩秉持著「菩提心的心理架構」、「持戒」或「行動準則」等修行。

首先做為大菩提心的是：

一為「勝義心」，看透事物本質的智慧。

二為「行願心」，就是慈悲的心。

三為「三摩地心」，就是寬宏的心。

其次做為小菩提心的，是所謂的「四無量心」的四種心理架構，分別是：

一為「慈」，就是慈愛之心。

二為「悲」，即是憐憫之心。

三為「喜」，就是給予幸福的心。

四為「捨」，就是捨身救多數人的心。

菩薩就是不間斷地、堅決地秉持這些心理架構來修行。

依般若波羅蜜多故

「因為依循著般若波羅蜜多」的原故，菩薩的行動全部都是般若波羅蜜多行。當修行時，菩薩守著「四重禁戒」。

其一，是不信捨棄正教，而違背道理的邪教。

其二，是不能捨棄大菩提心和小菩提心。

其三，是對那些認真求法的人，不惜辛勞地教導他們。

其四，是對全部的人，不可採取不利於對方的行動。

菩薩慎守著這四條戒律，自然其行為是：

一、依正確的教義，採取一切自力向上的行動。

二、進而引導迷失的人，採取給人們利益的行動。

三、竭心盡力，從事消弭社會罪惡的活動。

像這樣地奉行般若波羅蜜多行的菩薩行動裏，有著確切的行動準則，依循著那樣的基準來修持的話，就會擁有下列的心。

心無罣礙

人類的心有三大特徵——

其一是「厭足心」，討厭的心情

其二是「愛染心」，偏袒的差別心情。

其三是「罣礙心」，牽絆的心情。

罣就是「障礙」，礙就是「妨礙」，任何一個都是「牽絆、拘泥」的意思。厭足心、愛染心都是罣礙心所引起的。

電線通電，銅線不會阻礙電流的傳導，故不生熱。而電爐的鉻鎳合金導線和電燈的鎢絲導線都會阻擋電流，發出熱和光來。

帶有罣礙心的人，就好像瞬間煮開的茶壺，從上冒氣而發怒。

所謂的「心無罣礙」，就是秉持著「如浩瀚天空般的開闊，汪洋大海般深的心」。這種心情是由持續的菩薩行動所產生的。

無罣礙故無有恐怖

秉持著如天空般的心胸，如大海般的慈祥，則能不拘泥於任何事情，也不會產生恐懼之心。事實上，任何一個人都會有不安的心情，特別是關於死更是極度的感覺不安。因為那是個沒有人見過的未知世界。

人生重病的時候，常會不分晝夜因不安而難以入睡，每天只想著「我大概快死了吧！」

觀世音的佛像，都是右掌向外的，這稱做「施無畏印」。對於參拜觀音的人而言，這似乎表示，「如果以無罣礙的心來參拜，我就替你除去不安」。

「施無畏」就是「布施無畏」，也是觀音的代名詞。所以要如同天空中的浮雲一樣，抱持著寬大無拘的心情，如此才能沒有恐怖。

遠離一切顛倒夢想

對於事情的看法、想法不合道理而倒置稱之為「顛倒」。特別是私利私慾，只為滿足自己的慾望，而在考慮事情時，一切判斷都有了錯誤。

被慾望沖昏的腦袋瓜裏，只有一些無聊的妄想，分不清真實與夢幻，這樣的心理狀態稱為「夢想」。這些顛倒夢想的人若想回復正常，則必須修行般若波羅蜜多行中的禪定。

但在修行中，這顛倒夢想的惡魔進入心中，首先是「摩羅」的惡魔出現，使其引起貪慾；接著「煩惱魔」出現，使其引起妄想；再來出現的是「天邪鬼」，故意妨礙禪定修行的心；最後出現的則為「死魔」，使其對人生失望、沮喪，而引起自殺的念頭。

然而，一旦從自我的慾望中解脫出來時，任何的惡魔也侵入不了，開始「遠離一切顛倒夢想」。

究竟涅槃三世諸佛

「究竟」就和「究極」是同樣意思的。「探其究竟」就是歸根到底。所謂的「涅槃」即是波羅蜜多的意思，無生無死的精神安定境界。持續修行「般若波羅蜜多」的人，不久便會達到涅槃之境，成為菩薩。

所謂的「三世諸佛」就是前世、今世、來世的佛祖。在「十三佛」中，有「不動明王」、「釋迦如來」、「文殊菩薩」、「普賢菩薩」、「地藏菩薩」、「彌勒菩薩」、「藥師如來」、「觀世音菩薩」、「勢至菩薩」、「阿彌陀如來」、「阿閦如來」、「大日如來」、「虛空藏菩薩」等眾神尊者。一共有五位如來、七位菩薩、一位明王。

在這裏面釋迦及文殊、普賢負責前世；地藏、彌勒、藥師負責今世；觀音、勢至、阿彌陀負責來世。

我們死後初七日、第四十九日，一週忌、三週忌……就是依序向這十三位佛祖參拜。這些佛祖在很久以前也是修行般若波羅蜜多，而進入涅槃境界的。

依般若波羅蜜多故

修行「般若波羅蜜多行」，是菩薩進入涅槃的行為基準，稱為「四攝事」。

第一是「布施」：布施並不是施捨布，而是給貧窮的人布施金錢；給飢餓的人布施食物；給沒學問的人布施知識；給沒職業的人布施技術。而沒有什麼東西可供布施時，則施以溫柔的眼神、臉色、和一顆體諒的心。

第二是「愛語」：「愛」並不是只有掛在嘴上，而是要說真心的話使人感動。

第三是「利行」：一切的行為是有益於世人的，絕對不可只考慮自己的利益，應以從事不定數的大眾所高興的活動為主。

第四是「同事」：和對方一樣的眼高，考慮事情時能站在對方的立場上來想。譬如和大臣說話時，必須和大臣用一樣高的眼光來考量事情；和優秀的人說話時，則和優秀的人眼光一樣高，來思慮事物；和小孩說話時，則和小孩的眼光一樣高，這就是要注意到不要和對方有所差別。

有了這樣的行動基準後，也就可以算是開始了不起的菩薩行了。

得阿耨多羅三藐三菩提

所謂「得阿耨多羅三藐三菩提」，就是「悟得至高無上正道」的意思。我們對於人生所感到苦惱的是，所謂感情的障礙的「煩惱障」，及所謂「知慧的障礙」的「所知障」。

然而一旦徹悟人的心是由慾望、怒、愚痴等情緒所引起，則無所拘泥，沒有障礙物，則眼界大開，前後左右上下四方皆可自由地看見，如此一來，原本沒有注意到的東西南北方位也注意到了。

人類的生命是無限延續的，人生並非只有今世，所做所為與前世、來世都有關連。以長遠的眼光來看這浩瀚宇宙的話，我們的行為可以說沒有例外，是有相對回報的。

所以，為了達到阿耨多羅三藐三菩提，我們要有佛祖般的「真心」，說佛祖般的「真言」，實行佛祖般的「確實行動」。

故知般若波羅蜜多

「故知般若波羅蜜多」，觀世音菩薩「為了能悟道而進入涅槃，因此實行六波羅蜜行（布施、持戒、忍辱、精進、禪定、智慧＝參照三十四頁）的菩薩行。為此首先要有大菩提心或小菩提心（四無量心＝參照四十八頁）的心理架構，且要嚴守四重禁戒，而菩薩本著六波羅蜜行來做為行動的基準。

可是，這裏有一件很重要的事不能忘記，那便是「誓願」即「起願」的事情。菩薩許的「四求誓願」，就是下面四個願：

一、「眾生無邊誓願度」……在這地球上，不管有多少人，一定要救這些人。

二、「煩惱無邊誓願斷」……迷惑人心的煩惱，不管如何地一個個接踵而來，也要把它斷絕。

三、「法門無盡誓願學」……佛教的精義不管如何的深奧旨遠，也一定要把它學完。

四、「菩提無上誓願證」……徹底悟透的境地涅槃，不管如何的遙遠，也要誓言到達。

如此地抱持這些心願，實行般若波羅蜜多行的咒文就是般若心經。

是大神咒是大明咒是無上咒是無等等咒

所謂的「是大神咒」，就是般若心經的全部語詞，除去以佛說摩訶般若波羅蜜多心經標題的「說」、「心經」這些漢字，因此被稱呼為「陀羅尼」。

而且是偉大神佛的咒文，咒文就是神佛的言詞，神、佛不會說謊，神佛的言詞就是真言。所以，陀羅尼就是「真言」的意思。

大神咒能拔除苦痛給與快樂，在神佛面前真心吟誦這咒文，事實上，就會產生不可思議的事情。

「是大明咒」，就是「這咒文是以十二緣起的道理為基準來輾轉輪迴，明快地達到菩薩悟道境界的咒文」。

另外「是無上的咒文」，就是「人生是苦，這咒文就是要拔除這些苦痛，抑止個人慾望，為此要實行八正道（參照四十六頁）的菩薩悟道之咒文」。

「是無等等咒文」，就是「這個咒文，為其它所不能比擬，是非常了不得的咒文。菩薩的慾望與凡人的小慾望不同，佛心、自我的心，大家的心都是一樣的，大眾的苦就是自己的苦，大眾的苦要一個也不漏地解救他們，這就是秉持很大慾望的菩薩祕藏之咒文」。

能除一切苦真實不虛

「能除去一切的苦痛，是真實而非謊言」。將此咒文從心底真心吟誦，不可思議的，苦痛將被消除，心中的迷惑頓時開悟。這就是般若心經字字句句所隱含的深意。

每次吟誦就能用真言的力量來洗淨心靈，這是千真萬確的事情。然而，不管是多麼美的言詞，不真正付諸行動去實踐的話，就如同很漂亮而沒有香味的花一樣。帶有真心的言詞就是「真言」，但只是嘴上說說而不真心則謂之「妄語」，說妄語自然會自討苦吃，可是凡人對於因自己的妄語所將帶來的苦卻不曾注意到。
僅由口中誦念也是無效的，一定要從自己身上做起，去實踐般若波羅蜜多行的信條，打從心底真正地來誦念咒文的話，就可以開始來消解一切的苦痛了。

故說般若波羅蜜多咒

「故說般若波羅蜜多咒」此句中，「般若波羅蜜多」這個名詞，在般若心經的本文中，已是第五回出現了。因此，的確含有其重要的意義。
我們的身體、家、財產全部都是由宇宙生命所衍生出來的。所以壽命終了，也就必須再重回宇宙。
般若心經的精神是大宇宙的話，而那字字句句就是個小宇宙，從大宇宙產生的我們即是小宇宙，如果大宇宙是大空的話，小宇宙便是小空。
在所謂空的宇宙中，含有真理和無限可能性的寶藏。但是，我們尚未發現這些寶藏，那些無限寶藏的寶庫就是我們的心臟，我們用心臟這個名詞來表示我們生命泉源的所在，那便是最好的證據。

打開心中寶庫的關鍵，就是釋迦牟尼所說的般若心經咒文和般若波羅蜜多行。把這咒文時常吟誦，時常注意自己的行為是否有偏離波羅蜜多行。如此一來，深植於我們心中的佛性，則會發芽，不久即培育成菩薩的樹。

即說咒曰羯諦羯諦

羯諦就是「走吧！」所謂走就是用二條腿走路，也就是行動的意思。每天持續地走便是「每日行」。

最初的羯諦是「口行」，即說真正的言詞，第二的羯諦是「心行」，即用真正的心。可是，人類的所行所為裏的確有很多錯誤，因此要吟誦般若心經，祈求自己的行為端正。

般若心經的根本經「大般若波羅蜜多經」，有六百卷。二百六十五章，一千二百九十七個部分，文字數有六十億四十萬字之多，把六百卷的經文精簡後，即成二百六十二字的咒文「般若心經」。

般若心經常常解救人的危機，誦唸這個經文，將不可思議的逃離苦厄災難。但是在急病或突然遇到危險時，沒有誦唸般若心經的時間，此時則誦念「羯諦羯諦」至「菩提娑婆訶」等十八個文字便可，這是很難得珍貴的咒文，稱之為「秘藏的真言文」。

波羅羯諦波羅僧羯諦菩提娑婆訶

這個咒文是「到對岸去！大家一起到對岸去！大家一起到悟道的對岸去！」的意思。看來是有點輕淺的語詞，但是，實際上「陀羅尼」真言的咒文，是含有深遠哲學意義和神秘魔力的。

波羅羯諦是波羅蜜多羯諦的省略，「實行所謂的六波羅蜜行的菩薩行」。接著「波羅僧羯諦」是「大家一起實行六波羅蜜行吧！」

所謂僧就是指實行菩薩行的人之總稱。「菩提」當然是指「徹悟境地的對岸」

而言。而最後的「娑婆訶」，就是「成就、完成」的意思。完成菩薩行則到極樂世界的對岸。所以誦唸這羯諦……的咒文，心裏想著到極樂涅槃的境地，實行六波羅蜜行，不知不覺中，一定會到達菩薩世界的。

般若心經

般若心經二百六十二字的經文中，「無」字出現了二十一次，其目的在於「離苦得樂」——誰都能從痛苦中解脫出來，尋得真正的快樂。所以「自己的身體、家庭、財產，都是暫時存在的，一切都將會化為烏有」。

另外，「空」出現了七次，其目的在於「轉迷開悟」——任何人都能夠大徹大悟。所以，「空並非空空如也，而是包含著無限的可能性。換言之，佛祖的生命力是飽滿充沛而無限的」。

再則「般若波羅蜜多」出現五次，其目的就是「六波羅蜜行」。所以，「不管如何地知道人生會化為烏有，人生本是一場空，如不實踐重要的菩薩行的話，是絕對無法到達極樂對岸的」。

再一次強調「般若心經」的真言，含有非常不可思議的力量，每天早晚誦唸，深思其精義而實踐它，則能解除煩惱。

這咒文的字字句句都含有無限神秘的力量。積蓄功德使自己和他人都能受益。所以那平常的心，就變得如天空般的寬廣，得以經營自己的生命；變得如大海般的深邃，得以造就所有的生命。

第二部

人的一生中，明天會發生什麼事情誰也不知道，所以，常會感到有些不安。特別是上了年紀之後，更容易為自己的逐漸老邁而心生歎息，為自己的多病感到痛苦，為殘燭餘年的短暫感到害怕。其根本的原因是任何人都有慾望，要沒有慾望是不可能的，但可以盡量地把這些慾望擴大為對世間人類有益的偉大慾望的話，那麼……。

第一章 苦集滅道

人生如迷失的草原之旅

在古代印度，重惡犯人執行死刑時，用了一種很殘酷的方法，讓大象喝醉酒亂性把犯人踩死。但有時大象在踩死犯人之前，會失去理性地衝出籠子外，跑到草原上去，偶爾從草原經過，運氣不好的旅客，看到這些瘋狂的大象，都會嚇破膽地往前逃奔。

不顧一切逃命的旅客，眼前突然有一口井出現，往下一看沒有水，心想：「太好了，進去的話就可以安心了！」但是，「如果這樣跳下去，不是受重傷就是出不來」；旅客邊想邊伸手往井裏頭探索，就這麼幸運地，井的周圍有條繩子往井內延伸。「啊！真是天助我也！」旅客興奮地抓住繩子趕緊逃到井內，「總算可以免於被這些大象踩死，太好啦！」

降到一半，好不容易鬆了口氣的旅客，往前仔細一看，突然發現井壁上有個凹洞，再更仔細端詳一翻，嚇了一跳，凹洞內有條蜷曲著身體的毒蛇，不時吐著蛇信看這邊。

旅客驚嚇之餘往右一看，突然又發現那邊的凹洞中也有毒蛇，左邊也是，後面也有……，「沒辦法，再往下降吧！」但往下一看，天啊！井底下面也有兩條二公尺左右的大腹蛇，蜷曲著身體，吐著紅紅的蛇信，目不轉睛地瞪著他……。

進退兩難的旅客不禁仰天感歎，卻又發現從井口地方出現了大象長長的鼻子，而且再仔細看看，又看到繩子的一端有黑白兩隻老鼠正在咬著繩子。

「啊！停止啊！繩子會斷掉的！」驚叫中的旅客，口中突然被滴入了不知名甜甜的液體，一滴、二滴、三滴、四滴、五滴，原來那是靠近繩端附近的蜂巢所滴下的蜂蜜。在這生死之際，旅客品嘗了五滴甘美的蜂蜜。

這到底是什麼故事啊！這當中角色的分配如下所示：

- 喝醉的狂象……一刻也不等待的時間。
- 井……生與死的分界。
- 井底的大腹蛇……總有一天會面臨的死亡陰影。
- 井壁的四條毒蛇……構成人類肉體的「地、水、風、火」四個要素。
- 繩子……牽繫生命的綱。

・黑白兩隻老鼠……白天與黑夜。
・五滴蜂蜜……全人類所共同持有的五個慾望。
・旅客……人類的代表者。

這個故事就象徵著我們的人生。有緣出生在這世上的人類，就好像在人生草原上行走的旅客。他被一刻也不停留的時間所追趕，不能停下來。而且徘徊在生死之間，害怕著死亡陰影的到來，肉體的四處不久也被病痛、災難等毒蛇所咬傷。抓著生命的網索，人的壽命就要被代表白晝、黑夜的兩隻老鼠所咬盡。像這樣「瞬眼間即將陷入黑暗」的緊要關頭裏，仍然還貪戀五慾的，這就是人類吧！

四苦八苦

「人的生命是短暫而苦痛居多的」——

你到了晚年之後，別人若問你：

「你一生之中，快樂的事和痛苦的事何者居多？」

你將會如何回答呢？

「啊！大概都是痛苦的事情吧，沒有人會像我這般辛勞的！不是嗎？」像這樣自負地回答的人雖然有，但是在正當辛勞勤苦之際，是不會這麼大聲說話的。

特別是女人，「沒有像我這麼不幸的女性吧，我為什麼會如此不幸呢？」像這樣說是不行的，因為芸芸眾生，比你不幸的人隨處可見。人類愈是認為自己不幸，則愈是會掉入不幸的地獄中。情緒低落消沉時，別人對你說的話都成了「牢騷話」，這樣一來，意志就會越來越消沉，終要變成神經衰弱的。

釋迦牟尼說：「人生本來就是苦，所以不管多苦、多悲傷，也不要說『苦啊！苦啊！』」要張大眼睛，向光明面看去。

人類的「苦」可分為八種，隨著時光轉移身體變化而來的病苦有四種，不能如自己所願，因情感而來的苦亦有四種。

第一個是為每天的生活感到痛苦，為活著感到痛苦。「從現在開始，到底該如何？」為此感到迷惑不已。

第二個是每天早上看著鏡子中的自己，「啊！白頭髮又增加了！」索性地拔掉二、三根，但五、六年後一定又會增加很多的，怎麼辦才好呢？現在你的太太（先生）是否正為此煩惱不已？

第三個是最害怕生病，身體是人類的資本，但什麼時候會得癌，會腦中風，誰也不知道，尤有甚者，因生活不檢點竟得了ＡＩＤＳ，然而，如果你不用為這些疾病煩惱的話，那可以說是很幸運的。

第四個是對於死的不安，連續發高燒，交通事故受重傷，因而恐懼著「我是不是快死了？」「年紀大了該退休了，再過兩三年就成了沒用的老人，在家裏閒著一定會被討厭，死了算了吧！」

是否有這樣想過，如果沒有，那實在很幸運。

接著說到不能如己所願的感情之苦。

第一個，是大談戀愛的結果，即使可喜的結了婚，但什麼時候會變得無情而相互分離，這樣的煩惱你可曾有過？

第二個，煩惱著「啊！我是多麼不幸的女人！我僅有的一個弟弟因車禍去世，而那個男人又蹂躪了我的青春，我恨那無情的男人，這輩子決不想再看到他……」這樣的煩惱，何嘗不是苦呢？

第三個，只想著「那個也要，這個也要，只要是自己想要的東西，千方百計都想弄到手。」「我的能力是何等的好，但別人都不肯定我，為什麼我一直不能升任科長。」為類似這樣的情況而煩惱，幾乎大家都相同。

第四個，是年輕的時候大家都精力旺盛，為了性的欲求不滿而煩惱痛苦著，不能忍受一個人睡覺的寂寞，想著「我為什麼不能得到那個女孩（男孩）？我是如此地愛著她（他）……」，於是很努力的採取行動，約會後不久就失戀……，接著就更想念，更煩惱。

四苦八苦分析起來，就是四個肉體上的苦，四個感情上的苦。但結局一定是人類活在此世上，必註定為這四苦八苦而煩惱哭泣。人生的迷惑及痛苦有很多種，但到底它的原因是什麼？

迷惑、痛苦的原因是什麼？

我們對人生感到苦惱的「運氣很壞」、「神經質」、「沒有信仰」、「不能努力」等是造成迷惑、痛苦的原因嗎？其實，以上任何一個都不是真正的原因，真正造成煩惱的原因是人們有「慾望」。

只要沒有慾望也就沒有痛苦、迷惑。綜合人類的慾望有三種：

第一是「想吃更多、吃更多好吃的東西」，這是「食慾」。

第二是「想睡更多、多睡一點」，這是「睡眠慾」。

第三是「想做愛、做更多的愛」，這是「性慾」。

以上這三個慾望，並不是只有人類才有，這是全部動物所特有的本能慾望。但特別對「性慾」一點而言，動物一年只發情一、兩次，而人類一年之中什麼時候都有這種慾望，實在是不好的。

以下就是人類所特有的慾望：

第四是「想要有更多的錢、更多的土地、財產」，這是「財慾」。

第五是有了些財產後，下次要「地位更高」，這是「名譽慾」。

除了以上五個慾望之外，還有很多的慾望存在。譬如已悟道的禪僧說：「我不要什麼物質的東西，只要長命就好。」

這實在很厚臉皮，「想要長命」不也是慾望嗎?另外，「為什麼只有我不幸，真是不公平!真想死!」這是「想死」的慾望。

然而，不管怎麼說，痛苦的最大原因便是無止無盡的慾望。

「想要更多的財產!想要更高的地位、名譽!」抱持著這樣沒有止境的慾望，人類的煩惱與痛苦如何才能解除呢？

高僧的說教是「捨慾成無慾！」但慾望不是那麼簡單就可以丟捨的。

「即使很少，有幢小房子、一點點錢，如此重視的東西，叫人如何割捨？」況且說教的和尚，應該也捨不得丟棄自己的寺廟吧。那麼，該怎麼辦呢？只有一個方法，那就是把我們的小慾望變成大慾望。

「這就是大慾似無慾的說法是嗎？」一點也沒錯，這樣就可以做得到了吧！但具體上要如何做呢？

改變煩惱迷惑？

在報上的社會版，每天報導著種種事件，這裏邊混雜有正確的，不正確的。要判斷那些是正確的，那些是不正確的，確實很困難。但實際上卻一點也不困難。

人類有偏見是不行的，不管做什麼、說什麼，人類總是考慮對自己有利的，絕不會想讓自己吃虧，這就是偏見。

- 「不能如自己所願的達成慾望就生氣」。

•「生氣的話則動肝火」。

•「動肝火則遷怒周圍的人，造成吵架」。

•「吵架的話，並不會每次都贏，因而有了輸與悔恨，所以發牢騷」。

•「若沒有發牢騷的對象，則一個人痛苦著」。

這就是偏見造成的結果。丈夫因為不能如自己所願，而向太太發脾氣，太太則向傭人發脾氣，傭人對貓發怒氣，貓則找老鼠出氣，而老鼠沒有出氣的對象，於是向牆壁出氣，結果牆壁被啃咬，屋子被破壞，反而成了丈夫的損失，這也就是「咎由自取」（自業自得）。

於此可知，自己感到痛苦是因為「即使一點點，也想要得到」的慾望，而因為這慾望的原故，造成了對事情的看法有偏差，而有了錯誤的判斷。

那麼，要怎麼做，才能有正確的判斷呢？如能真的捨棄自我私慾而持有大慾的話，人類的苦痛、煩惱能徹底消除嗎？

所謂的「大慾」是——

•要心定：

如同服務業從早到晚，如小老鼠般的辛勤工作，但內心則必須是常常平靜的。

「忙」這個字，拆開來即「心亡」的意思，人在忙碌時很容易不知不覺焦急起來，所以在忙碌時，保持內心的閒定很重要。至於在做法上，不管怎麼忙的人，都必須吃飯，然後吃完飯後，打坐五分鐘，閉上眼睛。做這樣的事情，不僅能夠心定，也是預防造成大失敗的方法。

●記得正確的事情：

記得真正的事情，即使是文字、數字等，在最初的時候也應該好好的記得。讓小孩子從小就認識名作、名畫、好的音樂，這樣就能培養出確實的鑑賞眼光。就如鑑定冒牌貨一樣，如果平常都看真貨的話，即使是混雜著一兩個冒牌貨，也能馬上就發現出來。

●任何事情都仔細觀察：

觀察事物以自己的好惡及欲得眼光來觀察是不行的。常常對首次見面的人，以服裝、臉、手勢動作等來做判斷。「對人而言第一印象是很重要的」，這樣講法雖然沒錯，但是，要知道這話裏頭仍是有錯誤的。對於這世上的一切事物，請用小孩子觀察蝌蚪般的正直眼光來看待。

●要經常思考：

一個人偏袒的想法（偏見），是由於貪心、吝嗇所引起的，而這偏見又是引起錯誤的原因。花了一輩子時間好不容易拿到退休金，「讓它變得更多吧！」就因為這種貪心的根，而使得判斷有了錯誤，受到壞人甜言蜜語的誘惑，玩了假股票弄得血本無歸。

•注意言談：

在從前，說話的事情被稱為「言靈」，即「在言詞中有靈魂」的意思。的確，人們所說的話裏頭包含著感情，有的話不小心會傷到對方的心，而置人於死地，這稱之為「舌刀」。在華道中有「天地人」的原則，而語言也有原則，即是「向上面的人所用的言詞，向朋友、同事所用的言詞，向下面的人所用的言詞」的不同，如果對於這種差別的用法不會，那就不能算是懂本國話了。

•慎行舉動：

注意不要給別人添麻煩，從大層面來說，例如，國家的元首喜歡戰爭，因而造成民間很大的困擾，從小的層面來說，到國外旅行，吃了不衛生的食品，做了不道德的事，感染了霍亂、ＡＩＤＳ回國，在國內傳染給別人，造成別人的困擾。在火車、公車上占了很大的席位，不讓位給那些支撐不住的人。再拿更小的事情來說，在餐廳裏抽煙，讓坐在旁邊的人吸二手煙，卻也蠻不在乎地一直抽著。

人類的行動裏，有大有小，一個人應該隨時注意自己的舉動。「這樣的事算大慾嗎？」要知道小慾與大慾相連接，任何人都會想為所欲為的。所以，能夠使周圍的人滿足的行動，自己不也可以滿足嗎？總之，要想滿足自己的願望，就要先滿足周圍的人願望，這就是「大慾似無慾」。

人類會迷惑、痛苦多半是自己想做這個做那個，而又不能如願以償所導致的。如果當你感到苦惱時，就想到「苦惱的原因就是因為慾望大」，這樣子是最好不過的，如此便能越過那煩惱苦悶，如同玩遊戲、運動一般的快樂。

不論怎樣地誦唸般若心經，痛苦也決不會消失。但是，隨著讀般若心經，一直去克服痛苦，不知不覺之中，就會變得快樂起來。

轉苦為樂　觀自在

第二章 觀自在

人類大抵都持有成見，沒有看過人類的宇宙人，初次來到地球看到我們，這個宇宙人沒有先入為主的觀念，以自由的眼光，看著我們的過去到未來，看著我們的日常生活……。

實現夢想的未來記事本

如果是有工作的人，誰都會有記事本。在記事本的裏面印有月曆，而每頁為了能寫入一年間的各種時間表，都製成每月每日的欄狀規格。

在日期欄裏，記著公司的行事預定、客戶的訪問時間、約會的時間等，都事先做了各種預定。

如果成了業務經理的話，「今天有會議」，「明天要拜訪台中的老客戶」，「後天打高爾夫球」，像這樣把未來的三個月都幾乎排入了預定的事程。

即使像這麼忙的人，都事先半年或一年來預定未來的計畫，因此想到「人類是否要為此事先排定的計畫，每日忙忙碌碌地來回工作，一直到退休的年齡來臨為止呢？」想來實在可怕不是嗎？

般若心經的首句言詞「觀自在」，即是「對所有的事物都自由自在地觀看」這麼一回事，這裏的「觀」，是有其深意的。觀自在的觀是觀察的意思，也就是好好地看，好好地想的意思。

「以廣大的視野，不帶一切先入的成見，以不拘泥的心情，從四面八方、由上而下地來觀察事物」，就這麼地、在此所用的觀法稱為「用心的眼睛來看」。

般若心經二百六十二字的經文裏，實際上充滿了無比偉大的哲學，就是用心眼來觀察這宇宙所包含的一切道理。你不妨也試著用這樣的心眼來觀察你的人生吧！

在此所要提及的「未來的記事本」，並非宇宙人的事務用品。一般的記事本，僅有從今年一月到翌年三月左右的預定事項載入欄，而未來的記事本有百頁之多，第一頁從今年開始，到第一百頁百年結束，換句話說，每一頁就是一年各月份的預定表。

將此一百頁全部都寫上你未來確實想做的事情，如果你現在是二十五歲（二〇〇六年），請在第一頁就寫下這資料。接著在每一頁都寫上你應有的年齡的話，那麼二一〇六年，你就是一百二十五歲了。

你能否真的活到一百二十五歲並不知道，但仍不重要，總而言之，請務必填入未來真正想做的事實。

其次，「二十五歲──六十歲──八十歲」等，稍微寫入更具體的行事預定。

如果你是薪水階級的，大約五十七歲的那年生日是休退日，最晚的話也該在六十五歲的那年生日。當然，你那年那月那日幾歲要結婚，要生幾個小孩，這方面的預定就自由地寫吧！

再寫最重要的事，就是「你的一生中到底想做什麼？」三十五歲當科長，四十五歲當經理，或三十五歲辭職，自己成立個公司，五十歲時成立兩間公司等，怎麼寫都可以。

但是只要那樣寫，內心中「絕對要做到喔！」便這樣下定決心。然後將實現該計畫（預定）的條件也請一一寫入。

這本未來的記事本裏，不管你怎麼個「吹牛」，都不會造成別人的困擾。如果為了實現這些「吹牛」，訂定精密的計畫，每天進行一點點的話，則將來「吹牛」也一定變得不是吹牛了。

公司的壽命

在鄉下長大的小孩，大概都有在附近的田裏或水塘中撈蝌蚪來飼養的經驗。蝌蚪和人類的精蟲形狀類似，顏色呈現深黑色。如果每天觀察的話就會發現，數日後從流線形的黝黑身體上，某天突然長出了腳來，看到這種現象大都會被嚇一跳。

不餵它什麼飼料，也會逐漸成長，發生這種突然的變化，真是要對自然的不可思議滿懷感動。

不拘泥於事物，以「觀自在的眼」來看這世上，則人生是相當快樂而有趣的。就像觀察蝌蚪一樣，觀察所謂的現代公司吧！

就如同「向繁華街上行走的人丟石頭，一定會丟到總經理」所說一般，今天在台灣的公司實在很多。根據經營顧問公司的調查，台灣公司有一百萬家以上。而且公司員工在三十人以下的占九成，由此可知「台灣經濟是由中小企業在支撐的」。但是，最令人感到傷腦筋的是，很多中小企業在創業者第一代就倒閉了。

公司的事情稱為「法人」，法人是個人的集合，個人生命有限，法人的生命也一樣有盡頭。很多倒了的公司，平均壽命都僅止於半年之內，真算是「榮枯盛衰的常例」，企業的壽命真如水中的泡沫一樣短暫。

公司的組織、工作稱之為「企業」、「事業」，如果只考慮自己利益的企業，「如果做這工作，只要能使我、我的家人賺錢就好」，這樣的企業壽命一定很短。

所謂事業，應該是和世間全部人利益有關的工作，而絕不是只有自己賺錢就可以了。

只為本身利益而存在的公司，不久一定會倒掉；但能夠對大家有利的公司，壽命一定會長久。同樣的能夠滿足眾人所求的法人公司，也會有壽命的。

再說，你家庭的壽命如何呢？是在你這一代倒掉嗎？要怎麼做才能使此後的家業繁榮？請也好好地思索一翻吧！

小僧和小僧

所謂「出世」，本來叫做「出世間」，指捨棄俗世間的財產、地位、名譽等，進入佛門而言。而不知何時，在捨棄的俗世間裏變得偉大，所以叫做「出世」。

一般離開俗世間的和尚，稱其為「出家」，自己所做的事不順利而討厭家庭、離開家庭則稱為「家出」，「家出」就是離家出走，字眼與「出家」相反，但在意味上就差很多了。

如果能不持偏見，以「觀自在的眼」來看世間的話，就可以了解以上所說的。

出家入寺時，在成為和尚前是個小僧，和尚是捨棄俗世間的，但在一般家庭中，依靠父母生活的學生，則是入俗世間的。因而，成為和尚前的小僧、商店裏的學徒（或是公司的新進人員），都被喚作「小僧」，而兩邊小僧的工作也很類似。

寺廟裏的小僧，其工作是：「一、打掃寺廟，二、固定的工作，三、做學問，四、日常生活態度的修行，五、布教活動——宣揚教義」，依此順序接受嚴格的訓練。

而商店裏的學徒也一樣地：「一、打掃店內，二、早上的朝禮，三、店員的研修，四、平常業務態度的修養，五、對客戶的營業活動」有著這樣的情況。

同樣的，「世間」和「出世間」也有類似的地方，以下所提到的五個項目，都是在人類生活中相當重要的，由於是每天都會接觸到的近身之事，所以，容易被疏忽掉，請試著改正過來吧！

●關於掃除方面

不管是那一個家庭都要掃除，近來由於房子很小，都是由做母親的用吸塵器打掃一番，就算大功告成了。也因此小孩子不曉得打掃的方法，有某個學校的學生竟因扭抹布而骨折。平常，即使讓小孩子打掃房間，用吸塵器似乎也就夠了，因此，小孩子不知如何使用雞毛撢子、抹布、掃帚等工具，這大概就是現在的小孩子吧！

然而在美國的家庭裏，小孩子從小就被教導徹底打掃的方法，從洗地毯的方法到擦拭門把手，清潔電視、電冰箱內部等，都要小孩慎重地做掃除工作。在台灣的家庭，只要打掃眼睛可看到的地方，這種打掃法稱為「四角屋內的圓式打掃」。因此，衣櫃的上方和框子的內側都滿佈灰塵的。

如果能每個角落打掃的話，不但自己情緒覺得很好，連心中也好像呈現出一片明亮的感覺。而家中一塵不染，霍亂等病菌也無從滋生，不會被感染到疾病。再說家中變得乾淨，明亮時，因住宅環境優良，進出的人似乎也變多了，就如古語「人多興旺」所說的一般，家業也好似繁盛起來了。

事實上，賺錢多，客人多的餐廳也是一樣，它們共同的地方就是被認為廁所很乾淨。並不是花錢裝璜得很豪華就可以了，只要審慎小心地進行掃除工作，也會達到同樣效果的。所以「請不要偷工減料地用心打掃」，我在此衷心地這樣勸告。

•關於工作——早晚的招呼方面

寺廟的小僧每天早晚都要頌經，這就是「工作」。為什麼每天都要頌經呢？這並不是供養祖先而已，而是為了讓自己自覺像個和尚。

我們在家裏，每天早上要向先祖或雙親道平安，這也是一種「工作」。商店的學徒也一樣，每天早上朝會時唱社歌，唸公司訓條，就是為了讓他（她）自覺是公司的一名成員。寺廟的小僧也好，商店的學徒也好，按照每天早上的必行工作，各自堅守著自己的立場，確認自己所必須做的事情是何等的神聖而重要。

•關於做學問與研修方面

即使小僧變成了和尚，也要一輩子繼續用功，因為經文的種類八萬四千之多，再怎麼樣地用功也學不完。那怕是商店裏的學徒，在店裏工作技術年年進步，對於商品知識方面的學習，仍是隨時有必要的。總之，寺廟裏的小僧也好，商店的「小僧」也好，只要活在這個世上，就必須不斷地學習才可以。

•關於日常的生活態度方面

做為人類最重要的事情，便是日常的生活態度。只要稍微一點小動作，就可以表現出那個人的性格。即使多麼注意掩飾，然而長時間的習慣是不容易改變的。

所以，小僧必須在平常生活之中學習寺廟的禮儀作法，為的就是達到潛移默化的作用。並不是只有小僧，此後的台灣人，對於國際通用的「台灣禮儀」，也有了解與學習的必要。

●關於布教活動——人與人的交往

寺廟的小僧、商店的學徒，學習在寺內、店內的掃除、工作、研修、生活態度等基本功夫後，便可以在外面的世界活躍起來了。

和尚不管說教說得多好，和所謂的「紙上談兵，放屁一樣」，如果連一點自己的禮儀都沒有，這便是不合格的和尚。店員到顧客那邊做生意，運用所學的基本禮儀，則受到顧客的讚美說：「貴公司的營業人員，實在很有禮貌。」這樣對商店的評價也好，這商店的店員，也將會前途光明，漸漸地也「出世」了。

第三章 深行

為了要成為更有膽量，更有氣度的人，一定要試著靜靜地坐著環視自己的過去和將來。

人生就宛如算術一般，好的行為是加法、不好的行為即是減法。

我們的行動中如果一直累積加法的話，則能滿懷自信，在今後的國際社會中成為被尊敬的人物……。

膽量氣度

有一年夏天，兩個國中男孩，在閑置的冷藏庫中因缺氧及熱氣的緣故，造成死亡事件。這兩個人因突起的冒險心，進入黑暗的冷藏庫中遊玩，門自動的關上而扣環也扣了下來，那時兩人一定非常的驚慌，在黑暗的冷藏庫中拼命找尋出口。

但一切的努力都白費，為兩人行蹤擔心不已的老師，發現空地上被棄置的腳踏車時，已經過了五天之久了。

由於氧氣的嚴重不足與猛烈的熱氣襲擊，兩人必然經過一翻痛苦的掙扎，老師打開門時，兩人呈現焦乾的脫水狀態，確實是很悲慘的事件。但是，扣環在門的裏面，只要把它往上搬，很簡單地便能將門打開，為什麼兩人會沒發現呢？這是因為恐慌之餘而不知所措的原故。

但是，應該不會一小時、十小時的一直持續驚慌，恐怕是因害怕而喪失了一切思考能力，沒有做打開門的努力，不是嗎？

如果鎮定下來採取行動，有人用手指摸到扣環，經過一翻推押，扣環針便會跳上來……，門便打開了。

像這樣的時候，便要拿出「膽識」來，靜靜地「打坐」即可。

說到中學生，如果是在以前，迎接十五歲儀式的稍前之際，那時的年輕人，會選個晚上來「試試膽」，為的就是要讓小孩子能有「膽識」。

希望現在的父母也教孩子們在害怕時打坐，不管是誰進入冷藏庫，如果門突然的關上，必定會嚇一大跳，但也只有三十分鐘或一小時的大騷動吧！而在騷動完了之後，就應該拿出膽識地靜坐下來，如此便能減少氧氣的消耗，而溫度的上升也會緩慢些，然後再來慢慢地想對策。

我們來談談靜坐吧！坐的方式很多，有「坐禪」、「瑜伽」等，但不管是那一種，重要的是坐下來要能夠心定才行。

常常在參加法事、葬禮時，看到明明不習慣正坐的人，卻一直忍耐地規矩正坐著，而輪到自己上香時，怎麼使勁也站不起來，甚至有勉強站起來，卻又跌倒而丟臉的。但是，僅僅三十分鐘或一個鐘頭都無法正坐，那實在枉費外國人誇讚台灣人的優美正坐姿勢了。

正坐的姿勢很美，而且能讓精神集中，所以，讀書時正坐的話，能使記憶效果增強，坐在椅子上的人如能挺著胸、拉直背，這樣也可增加記憶的效果。

如果對正坐，半瑜伽坐的方法習慣，能持續坐上一個小時或兩個小時，像這樣的稱為「靜坐」，也就是靜靜地坐著，深沉地思考，這也就是所謂的「行深」。

接著，以摩訶般若來重新看自己和世間，這稱為「行深般若」。

人的身體如果好幾天沒洗澡，不管是多漂亮的人，也將滿身污垢，身上發出一股酸味。

人的心也是一樣，在野心和陰謀的人世間生活幾十年，也會被浮世的污垢所污染。所以偶爾到寺廟去，泡洗所謂「打坐」的溫泉，將塵世中的污垢洗淨。

所謂「坐」這個字，表現的是屋簷下和土面之間，坐著兩個人。其中一個人，帶著如魔鬼般的心，且自我意識強烈，另一個人則無自我意識，而抱持著佛心。人類之中不管是誰，都持有這兩種截然不同的心。

「你現在會為了自己所犯下的罪感到不安，而想逃跑嗎？」

「你會將自己所做的壞事，推其咎於別人嗎？」

請靜坐一小時，試著用自己的本心來思考看看吧！

如果能看到自己的本心，也就能看到自然的心。了解自然的心之後，也就能了解大眾的心。此時開始注意到自己的心和自然的心，以及大眾的心，都是一樣的。

即使你事業順利、家庭和樂，也須要偶爾打坐，當然在面對逆境時更要打坐，這樣一定能找出由逆境轉入佳境的方法。在打坐的同時，想著你從出生到現在的種種事情，如此便能明白，你的現狀是自己行為造成的結果。現在活著的你，是靠著自己的力量生存著？還是靠你周圍的人的關係而生存著？在父母、丈夫、妻子、小孩、朋友、長輩、公司的同僚中，你受誰的照顧最多？給誰添的麻煩最多？你又打算如何報答？就在思考這些的同時，你將了解和自己所同在的佛心。人世間的你，沒有別的方法會比得上自我沉思，能讓我們擁有更大的能力。

那兩位少年如能拿出膽識，鎮定靜坐的話，一定可以激發出自己的潛能，把那扣環針拉起來，讓門打開。

三世的道理（之一）

「聽教」，一聽到這名詞，就反射地產生很奇妙的聯想。

釋迦牟尼的頭上綁著髮帶，袈裟在背後隨風飄浮，拼命地採腳踏車踏板的情景浮現在眼前。可能有人會說：「那一定是做夢夢過頭了。」但釋迦尊者說教時，說到「法輪迴轉」，所以釋迦尊者在踩動佛法的輪子，因此，這聯想並不是完全沒有根據的。

很多寺廟裏，都有如車輪般的標誌圖案，請想想看，「佛祖的話和腳踏車的車輛，有著什麼樣的關係？」

自行車的車輪中央有個車輪軸，是由外圍輪框和幾十支棒子所支撐的。拿這東西來和人際關係做比較，那車軸就好比自己，而輪框就是周圍的人，至於那輻射般排列的棒子就是那些人的手。

但相反地，也有人認為從車軸放射出去的棒子，支撐在周圍的輪框，特別是那些顯耀當今的實業家、政治家、宗教家等，是常常這樣想的。然而他們一旦失敗，則全部的棒子都要離散，車軸也將落地。

有個叫「現當二世」的詞句，現在我們所生存的「這個世」稱為「一世」。我們死後所到的「那個世」也是「一世」，如此合計起來便是「二世」了。

另外，還有一個，那就是我們生前的世界，也是我們祖先所居住的「前世」，也叫做「一世」，因此，全部合起來應稱為「三世」。

現世是「迷惑」的世界，來世是「悟道」的世界，然須知的是，現世是個「表面的世界」，而來到則是個「真心的世界」。

我們濫用財產、地位、學問、名譽、權力、由於虛榮而說謊，故弄玄虛……等等，可以說都僅是表面的樣態而已。

然而真心話誰也不說，總認為所謂的真心話是很慚愧的，是不足向外人說的。只有秉持佛心的人，才能光明正大地在別人面前說出真心話。但可悲的是，在生存時，表面、說謊卻現世所通用的。

人死的同時，必須帶著自己的真心話到來世去，所以，聽說人出生前有著與真心相近的表面。了解這樣的事情，即是了解世間的道理，而了解世間的道理，也就是所謂的「悟道」。能了解世間的道理則產生先見力，有了先見力則忘了自己的私慾，而有更大的「公慾」。

在以前，據說「無慾的和尚其預言都很準」，而秘訣聽說是「能用五百年後的眼光，倒過來看現代」。能看穿五百年後的世界，當然與自己的生死等沒有關係，必定是乘著風，用雲、流水般的自然之眼，來倒看世間的變化與遷移吧！

毛毛蟲的前世是卵，而毛毛蟲生於今世，至於毛毛蟲的來世則是蝴蝶，即使毛毛蟲如何堅持「我的一生就是毛毛蟲」，但從人類的眼光看來，它的確經過了從卵變化而來的連續生命過程。而這毛毛蟲頹廢地說：「對我而言，我是沒有什麼來世的」，但事實上，它卻一定會變成蝴蝶且到處飛舞。

人的一生雖然比毛毛蟲來得長，但是，最多也不過百年之間，若以宇宙的眼光來觀看你的一生，你也必然會自負地說：「我的一生就是我」，但歸根究底，你的肉體、心、個性等都是由父母親那兒延襲過來的。

此外，你的小孩，也將如此地隨著你的生命，將一切又承繼了下去。同時，在你一生之中，你所做所為所造成的「因果報應」，也隨著你的小孩、子孫，一代又一代地持續連接而去。

這樣地觀察人類生態的宇宙之眼，即是「佛祖之眼」。從佛祖的眼睛來看，從你的先祖開始到曾祖父母、祖父母、再到你的雙親，所承傳下來的「思想」和「行動」，變成了因果報應的「業」，支配著你百分之九十以上的行動。

或許你可能不相信，但這是千真萬確的，這便是世間的道理。因此，如果你想「我到底是一個怎麼樣的人呢？」那麼不妨從你的雙親開始，追溯到祖父母、曾祖父母為止，調查這三代的人，看他們「想些什麼事?做了什麼事？」清楚地知道那些行蹤之後，你便對於自己的人生更有把握了。

像這樣地調查了過去三代，如果你發現家系中，有人對這世間有所貢獻，則你該對這些人心存感謝，由於你接受並承繼了他們的德業，那些良好的行跡也將成為你行動的信念。

如果過去有缺德的人，則供奉這些人，並代替他們懺悔，自己則對這社會多積點德、多做些好事。如此，即使在你的周圍有不幸、痛苦的事發生，想著「這是祖先為了鍛鍊我而給我的，非常感謝，我一定要加油！」這樣則能把痛苦、悲傷轉成希望，把祖先的「惡業」轉成「善業」。

所以，以你為中心的車軸，是由許多先祖的手來共同支撐的，這個道理明白了吧！

三世的道理（之二）

從釋迦牟尼踩自行車踏板的例子可知，「人類任何一個人，都是依祖先的罪業報應，而決定現世報應的」。

如果你能了解這個道理，那麼，你講的話也將變得有說服力，有說服力的話因為帶有真實意味，所以，大家都聽懂你的話，並誠心接納。

不管是誰，只要是自己不想接納的東西，就不會往肚子裏頭塞，但一旦同意接納進入腹內，就會吸收並消化它。如果你有部屬，你想讓部屬為你辛勤工作，就必須讓他們信服，要讓他們信服則必須有說服力，但如果不知曉世間的道理，說話就不會具有說服力。

如果你懂得世間的道理，能說服部屬讓他們辛勤的工作，那公司就會賺錢，公司賺錢的話，相對的，也影響到你的進陞、薪資等所謂的「自身利益」。

不管你如何地想賺錢，如果部屬討厭你，因而勉勉強強工作的話，效率也就不能提高，產品品質不良、客戶不滿意，這樣是一點也不可能賺錢的。如果讓部屬信服，辛勤地為你工作，那麼，工作效率提高，產品品質精良，客戶都很滿意，客戶就成了「忠實顧客」。所謂「忠實」就是信者的意思，客戶信得過你的公司，那麼你的公司自然就會賺錢。

由於部屬的辛勤工作，使得你自己本身也受益非淺，所以，應該抱著感謝的心情，心裏想：「能有今天的局面，完全是托大家的照顧而來，謝謝！」有了這樣的感謝之心後，「好吧！我也要來實行所謂的八正道」這樣的心情便會自然湧現，所謂的八正道（八條通往道理的路）是指：

- 對事物有正確的看法
- 對事物有正確的想法
- 講正確的話
- 做正確的行動
- 有正確的生活態度
- 有正確的努力奮鬥
- 有正確的記憶
- 正確地統攝心理

正確地走向這些道路，不管這八條路多坎坷，總會走得成的，而在走向這八正道的同時，也注意自己所做的事情是否對這世上有所幫助。

常常帶著體諒他人的心情來做事，這樣所做的事一定與大眾的利益有所關連。如果能常常做與大眾利益有關的事，自然就能夠積存功德，漸漸了解人生的意義，成為自己固定的人生哲學。在此就會產生一種自我的信念，那就是「直到後世，處世、為人的想法不會改變」。

為了實現自己內心中所產生的信念，則會有「心願」，也就是在自己內心中「強烈地默念願望」，就是俗稱的「許願」。你的內心中突然浮現某種正確的想法，那想法漸漸擴大後，就會變成「思想」，為了實現那個思想，就會強烈地默念，最後再向神明祈禱那思想的實現成功，如此便好像已經成功了。

在自己的心中，要常持有「信念」和「願望」，帶著祈禱的心情向對方說話，不管是什麼人都能說服。希望你也能踩著這「道理的法輪」踏板，努力地向前繼續跑下去。

罪業報應的法則（之一）

不妨試著靜坐下來思索人生，所謂的人生，大概就是一種「因果報應」，即所謂的「業」吧！

這「業」就是職業的業，為了維持生計，每天都做相同的工作，那便是職業。因而工作也成了「業」的一種。

喜歡釣魚的人，每個星期天都去釣魚，但我們不可能因此就說他是個漁夫。但若是為了維持生計，幾乎每天都得去釣魚的人，那可能就稱得上是一位出色的漁夫吧！

人類的「思考方法」，「講話方式」或「肢體行為」當中，都存在著一種「癖好」。每天的生活中，一個人所獨有的思考方法，獨特的講話方式，肢體行動一旦積久成習，便是一種「癖」。如同俗話所說的：「天下沒有十全十美的人」，可以說每個人多多少少都有自己的「癖好」。

說話時某些話講慣了，就成了「口頭禪」，在行動上，有些人喜歡抖腿，有些人則喜歡動不動就咬指甲，甚至有些人竟有順手牽羊，到處偷東西的癖好。這些癖好在不久之後，就會成了那個人的性格，藉著遺傳傳給了自己的兒女，後代子孫。

生命的流程就好比那水滴一般，剛開始在山裏積雲成雨而降，順著山谷匯入河川，最後則注入那汪洋大海之中。時間的轉變遷移也像水流一樣，是一瞬間也不停留的。

汽車的方向盤裏，有個「空隙」的傳動裝置，但水和時間的流程裏則沒有所謂的「空隙」可供停留，生命的過程，不分晝夜地在持續進行著。

河水緩緩而流，沿著河岸，長長的河堤也延伸而去。薪水階級的人，其一生就如同一天裏從河川上游流到下游的河水一樣。

早上的時候精神煥發，因為毫無阻礙地向前奔馳，比起那河水的流速還要快。就好比剛進公司沒多久，就想要能夠一個人自己獨立作業，總覺得職前的研修時間實在太長了。

到了中午，速度就稍微緩了些，和河川的流速是差不多的，這時大概也已經工作超過二十五年了，覺得有點職業倦怠呢！

到了傍晚，因為已連續奔跑了一天，不覺視茫茫，喉嚨乾巴巴，腳步也蹣跚搖晃起來了。雖然勉勉強強地走著，但速度早已慢得不像話，快接近退休的年齡了。來日不多的感覺，讓你感到所謂的一年光陰比起年輕時的一個月還來得短。

然後就是黑夜的來臨，對人而言，那如同從堤上突然倒下，氣絕身亡一般。但河川像什麼事也沒發生一樣，一如往昔繼續流動著，接著又經由日曬蒸發，積雲成雨，然後又再落到這地面上來。

生命的流程也是一樣的，遠祖的血，經由雙親再流傳到你的體內，接著又透過你的小孩、子孫、綿延不斷地流傳下去。

中小企業的自力經營者中，總是吹噓著「這個公司是靠我一個人的本領創建起來的，沒有靠別人的幫忙」，這樣的人不少，如果反問他，「這樣的你，是誰創造的？」他該怎麼回答呢？

生這名經營者的，是他的父母，由於父母幫他取了個好名字，讓他受良好的教育，培養其優良的事業才能，創造出成為自力經營者的性格，難道不是這樣嗎？所以說「我沒有靠任何人的幫忙」，必然會遭到懲罰，可能有一天就會說「這個公司是因為我一個人而倒掉的」。

人類的罪業報應是有一定「因果關係」的，如果人類之中有所謂「神通力」的話，則可看到過去的世界和未來的世界，可惜的是人只能看到現在的世界，所以，明天會發生什麼事誰也不知道。

自力經營者生前的事。

擁有不少好癖與壞癖的雙親，因不可思議的緣份而結了婚，不久，母親便懷孕了，出生前的經營者尚在母親胎腹之中。

我們每個人的肚子上都有個「肚臍」，不管什麼時候來看，那肚臍都好像空無一用似的，但在出生之前它是很活躍的，我們在胎內時，透過「臍帶」從母親的血管中取得營養與氧氣。所以，自力經營者也有十個月，是待在一片黑暗的羊水裏，像魚一樣的生活。

人類的身體在這十個月當中，有著想像不到的變化。就像「蝌蚪」一樣地生出手、腳，然後有眼、耳、鼻、舌、皮膚等器官逐漸形成。

以肉眼所不能看見的受精卵，在經過十個月之後，成長為三千二百公克左右的肉體之身。當有一天母親的陣痛來臨，嬰兒便哇哇墜地告別了如魚般的生活，於是這個未來的自力經營者，其「五個天線」就開始接收外界訊息了。

罪業報應的法則（之二）

人的一生就好像日本的發音字母「アイウエオ」一樣，從「哇啊！」的啊（ア）一聲哭叫後開始呼吸，到臨死前「嗯（ン）」的一聲斷氣停止呼吸為止。你現在生活於四十八個發音字母中的那一個呢？在人生之中最重要的是「カ」這個字——代表感謝之意的「カ」字。

所有的人都是受周圍之人幫忙，才得以生存。獨力經營者難道就不用嗎？如果太過於自我高估，不久便會自絕於人的。如果不論何時都能心存感謝，則這世間也就沒有什麼可以讓你生氣的了。

且說這個經營者出生於這個世間，就在用肺開始呼吸外界空氣的同時，對外吸收資訊的「五個天線」也開始動作了。眼睛對美的顏色、醜的顏色都看；耳朵對美的聲音、噪音都聽；鼻子不管香的氣味、臭的氣味都聞；舌頭不管好的味道，壞的味道都嚐；皮膚不管觸感好的東西，觸感壞的東西都碰。

嬰兒喝母奶，漸漸地發育成長。想想實在沒有像母奶那樣不可思議的東西，即使氣溫在零下十度時，或夏日炎炎，火傘高張時，母奶的溫度依然適中可以飲用。另外，不管母親吃了多美味的食物、多難吃的食物、母奶的味道卻不會改變。對於餵養我們母奶的母親，我們一定要心存感激才是。

小的時候，不管看到什麼、聽到什麼，都覺得很稀奇。「這是什麼啊！」「那是什麼啊！」「為什麼？」心中有著一連串的疑問。也因此不管好的事、壞的事全都埋藏在心中。

嬰兒的心中並不是空空一片的，實際上，雙親年輕時所持有「品性」、「口頭禪」、「動作習慣」……，等會藉著遺傳，深植在嬰兒幼小的心靈中。

你可知道「煩惱」這個單詞？每年的除夕夜，各寺廟的鐘聲透過電視上而為我們所聽到。因為人類持有一百零八個煩惱，在除夕夜隨著這一百零八響的鐘聲，聽說可以將這些煩惱一一消除掉。在一百零八個煩惱當中，最具有代表性的三個是：「貪慾的心」、「憎怒的心」和「發牢騷的心」。

所謂的煩惱，都是由壞心機所驅動的，而特別是這三個最為糟糕。原本人類持有「只要自己好便可以」的心，和「除了自己好，也要別人好」的心，但是「也要別人好」的心，是很難展現出來的，總是受到以上所說三種煩惱的支配與影響。

且說自力經營者的雙親，在婚前是彼此不認識的。各自出生於不同的地方，在不同的環境下長大，兩個人所共通的地方即持有「貪慾」、「吝嗇」、「易怒」、「嫉妒」、「偏見」等劣根性。

就因為有這些劣根性，所以會有「損人利己」，「唯我獨尊」等武斷的想法。當這樣的想法不能獲得滿足時，男孩子性格變得急躁不安，給人帶來麻煩；女孩子變得任性倔強，做出讓人瞧不起的行為。雙親似乎並不知道兩人平日的所做所為，將來會在自己的小孩身上表現出來。

「為善不為惡」的道理誰都知道，但「知道」和「做」完全是兩碼子事。就拿

「偷東西」來說吧！說過「我沒有偷過別人的東西」這句話的人很多吧！

偷別人金錢、財產的是小偷，但奪取別人性命，甚至自己生命的人也可以說是一種偷吧！這就是所謂的自殺、已構成了殺人罪。自己的生命乃是天所授予的，因為不是自己的東西，所以當然犯了殺人罪。

另外，像插入別人的談話、取用別人的話、偷看、偷聽……等，都算是偷的表現。

像這樣地惡累積了善行、惡行的男女，不久後結婚了。接著基於本能，女的受胎懷孕，一下子從新娘變成了媽媽，未來的自力經營者心靈中，便有了這對男女所帶有的劣根性及煩惱。

小孩子的成長是很快的，從牙牙學語到搖搖晃晃走路的這一段期間，父母對小孩子疼愛無比。然而，若是在知道了兩人過去的所為已遺傳到小孩子身上時，夫婦兩必然驚嚇的站不直腳了。

罪業報應的法則（之三）

雖是初見面的人，但有「唉！這個人好像在那裏見過」這種不可思議的感覺，可是怎麼想都想不起來，問了對方才確定兩人的確從來沒有見過面，可是對方也和你有一種很面熟的感覺。這就是所謂的「以心傳心」，實際上，這是兩個人心裏的「潛在意識」作所造成的結果。在深藏於人心的潛在意識裏，從小就被區分「合得來的人」、「合不來的人」等概念，所以，有些人即使你十年前便已認識，對方也待你很親切，可是你就是不喜歡。

這個潛在意識，在初見面的一瞬間，像觸電般地爆發，「就是這個人啦！」與異性相遇時「一見鍾情」的感覺便是如此。即使不到一見鍾情的地步，看到自己中意的洋娃娃，可愛的寵物，傑出的異性……，也會立刻就喜歡起來。

但是，遇到很喜歡的異性時，對方如待你很冷淡，你就會不由得發怒，甚至憎恨。而且是「愛的越深、恨的越深」，甚至可能去傷害對方，所以，愛與恨往往是一體兩面的，相互包含的。

但為什麼只是碰見過就會產生愛與恨呢？這必然是父母親的習性深植於小孩心中，小孩出生於世上後與外界接觸而表現出來的。

把小孩子帶到百貨公司的玩具店前，有的小孩看到自己所喜歡的玩具，就一動也不動地怎麼也不想離開，這樣的小孩長大後，看到喜歡的異性，則無論如何也要追到手，即使被拒絕，也會窮追不捨。

以前男人想要女人就強取，但現在如果這樣就會犯「誘拐罪」，誘拐也好、強取也好，都是違法的。像這樣的不良習慣，就是人類心中所殘留的「惡業」，當然也會原原本本地潛藏流傳給自己的後代子孫。帶著「惡業」的人，死後是不能到極樂世界去的。

人類在不知不覺中，做了傷害別人的事情，造成了別人的困擾，這就是不好的行為。所以，要偶爾懺悔、反省、抑制自己心中的「貪慾之心」、「易怒、憎恨之心」、「嫉妒心」、「任性、自私之心」等，沒有人能一輩子事事如願，大家都應該克制自己「任性的心」。

長大後的經營者，由於沒有抑止任性，所以常說「我怎樣、我怎樣……」，以自我意識、自我為中心的觀念來經營公司，那公司則有倒閉的隱憂。

以下我們將時間轉移到經營者的兒子時代。如果經營者的時代是現代的話，那麼他父母親的時代便是過去，兒子的時代則是未來，時間和時間之中沒有空隙，一刻也不停留地過去。無聊、痛苦時就希望時間趕快過去，快樂的時候就希望時間再長一點，這些都是任性的想法。

人生就好像旋轉的水車一樣，從前世到今世、再到來世、一直不停地旋轉，不知何時停止。所謂「善有善報、惡有惡報」，這是罪業報應的法則。在這個世上，「成功的原因遲早也會成為失敗的原因」，不僅是自力經營者如此，任何人都該將這句話牢牢地記在心上。

國際魂

在日本明治維新的時候，有所謂「和魂洋才」的說法。所謂和魂是日本的心，大和魂的意思。洋才是指西洋的學問。德川三百年前的封建制度被打破之後，對極端落後的文明非常急切，想要趕緊學習西洋的學問。和魂洋才一辭的意思是警告「不要忘記日本自古以來的大和魂」。

所以，僅僅百年後的今天，日本經過一次戰爭的失敗，還能成為世界上數一數二的經濟大國，誠如「樹大招風」一語所說，太快成為有錢國家，因此，各國起初是稱讚，然後是羨慕，再來是嫉妒，最後則成了討厭。這雖然是人世間的道理，但要如何才好呢？

而之後取代「和魂洋才」的是「和才洋魂」。在汽車、電子產業等世界文明之中，日本人的才能已是國際水準之上。另外音樂、美術等文化層面，也使西洋人刮目相看。因此，在國際社會上十分通用的是和才，而非洋才。

在此的問題是大和魂被歌頌著。就像山櫻花的飄散一樣，想到如神風特攻隊那種視死如歸的勇敢吧！但事實並非如此，所謂的大和魂乃是「活生生的朝氣」。

我們現代人必須要有「洋魂」，洋魂就是「國際魂」，國際魂不只是追求自己國家的利益，而且也要有追求世界各國利益的心。有人認為像這樣完好的心，說說還可以，但是做不到。其實不然，因為人不會去做想不到的事情，所以「想到就做得到」，做不到是因為沒有盡力去做。

在明治維新時候，有人想把人放進裝有羽毛的箱子內，飛向天空再潛入海中，人們譏笑提出這想法的人，但此想法卻在百年後發展成噴射機、原子潛水艇。

人類只要下定決心去做，任何事都可以成功的。不管是運動、學問，一旦目標既定，下決心去做，十年、十五年以後，必有相當成就。

但如果想要貫徹始終，是有條件的，第一是一旦決定則要放棄其它。在這個世上如果這個也想，那個也想，那麼經過十年、十五年將仍然是一事無成。第二是一旦目標選定後，抱著必死的決心，不達目的絕不放棄。

遵守這兩點的話，在十年、十五年之後，你不管選擇那方面，都會有成就的。

當然，人有種種的長處，而人在無意識中知道自己的長處。一個優秀的木匠，即使是彎曲的木材，也能好好地利用它來製造有用的器物；優秀的領導者，能善用部屬的特性，讓他們各展所長，工作表現良好。在人類的潛意識中有住著優良的木匠、領導者，而知道自己長處的人，往往做事會成功。

所以，喜歡就會變得較為拿手，選擇自己喜歡的工作，就比較能發揮自己的才能。

第四章

顛倒夢想

喜歡說「我怎麼樣，我怎麼樣……」的人，只要稍不注意的話，則會攪亂人生的齒輪。

隨時帶著一顆體諒別人的心則會成功。

此外，若能彼此互助合作的話，這世界會變成個天國也說不定……。

只有我是例外

二、三天前某個發生車禍的朋友，回憶當時的情形，「那時候我神魂顛倒，不知如何是好，驚慌失措地」。以前地震、打雷、火災、父親就是突如其來，令人大吃一驚的四個代表。但現在父親的權威落地，即使被罵也不覺害怕，因此，取而代之的是交通事故。

不管這當中任何一種發生，任何一個人都會驚慌失措。

晚上發生了火災，周圍呈現一片火海，也有人抱著枕頭徘徊，不知如何是好。即使是一國的元首，在打高爾夫球時遭雷擊的話，也會丟掉球桿，抱著頭蹲著不知所措。即使不發生這些突發的事件，在平常會神魂顛倒的人也很多，人人抱持自私自利的心理，再加上許多如夢一般的事情難以處理，所以在考慮事情、看事情等方面，都會判斷錯誤。

像這樣，「打如意算盤」就是顛倒夢想。也就是對事情的想法、看法不合理道理，有不正確的想法。就好比喝醉酒的男人取笑不會喝酒的男人說：「喝了酒能如此的快樂竟然不喝，你真是笨蛋。」但不會喝酒的人反而認為，「不能好好工作，喝酒才是笨蛋」。

顛倒夢想的人有什麼想法呢？如下列所示：

一、別人不幸得了癌症、發生火災，被落雷打死、自己想著「我是例外」。

接著，到早死的朋友家參加喪禮，一面燒香一面想著「你真可憐！但我和你不同，我是長命相，一定會活得很久」。但在回家的途中則撞車而死掉……，什麼事情都有。

二、任何一個家庭都是從三十年到四十年的週期，要是碰上家人死的時候，從祖父、祖母開始，父母親、叔父母等，大約十年間送走兩、三個人，多的話甚至十個人。另外「今天是哥哥結婚典禮」、「下個月姊姊生小孩」、「下下個月妹妹的結婚典禮」，這些值得慶賀的喜事，也是大約三十年的週期中會碰到的。

因為二年左右，家庭中二、三人死亡，再加上母親住院，工作也不順利的話，則會想「啊！世界真是一片黑暗，沒有人像我這麼不幸，佛祖是否也拋棄了我」，因而不相信佛祖，光是歎氣、絕望。甚至因此企圖自殺的人也有。

如果這些人能再忍耐一年，下一次一切的苦難都將化為幸運而來，然而這是這些人所不了解的，這可說是顛倒夢想。

三、有以土地買賣而賺錢的議員；憑著有錢而有十個愛人，因此感到驕傲。每天以酒肉生活為樂，有一天生氣自己最愛的人變心了，於是一怒之下把她殺死。

然而儘管苦總是自己種的，卻仍以此為樂的議員的心，就是顛倒夢想。

四、由於喝酒肝臟功能變壞，因抽煙致癌，吃過多的白米得糖尿病，吃過多的肉導致腦出血……，全部是不好的事情。自己如果想做什麼的話，惡果也就自然而然地產生了。

「那麼，我到深山中採果實吃好了，無所事事地過生活吧！」這就是顛倒夢想。

五、「我們那一課只要我不在，大家就都不會做事」，「我的丈夫好像小孩一樣，我一不在家他就什麼都不會」，這驕傲的課長或這位太太都是顛倒夢想的人。

這個課長不在時，大家一定覺得少了個囉嗦的人，所以工作效率倍增。而這太太不在家時，先生或許會很高興的認為可以做很多的事情，這也說不定。

我們有時必須反省自己的想法、看法，「是否合於這世間的道理？」這是我們在每天生活之中所必須要做的事。

一事是萬事

平常總是披頭散髮，穿著牛仔褲和涼鞋的學生，只有今天把頭盤起來，穿得很正式。因為今天是公司面試日，即使是很傲慢的人，到了面試時還是目不轉睛十分緊張。

雖然公司方面說「請以平常的裝扮就可以了」，但還是穿了套像樣的服裝。這就是在每個人的心中，想被認為好、想被一眼就選中、受到採用的願望。在不知不覺中就特別用心起來，穿得很正式。

仔細觀察的話，人類心的動向可表現在行動、服裝和態度上。面試時若注意這三點，則可做正確的判斷，但是，對方也是什麼都注意到了。學生為了不讓別人看透，故意把頭髮盤起來，換掉牛仔褲，穿上正式的套裝。但擔任面試的專家則可看出來，不管他們穿什麼樣的服裝，在態度上和行動上是掩飾不了的。只要稍微談一下話，讓他們抽個煙，馬上就會露出馬腳了。

這並非只有學生如此，客戶、部屬、朋友等，在你周圍的這些人，請好好地觀察，人的習性、個性是很容易被了解的。從對方的頭髮、指甲、手帕、皮包等形狀及顏色，也可以判斷出對方的興趣和個性。人類不管在想什麼，皆可從他的樣態、動作上表現出來，藉此就可以做某些必要的判斷。

真所謂「一事是萬事」，為什麼只打算採用一個人，卻有這麼多人要浪費很多的時間、費用來面試，這是因為所要採用的人，將與公司的生命息息相關。不管他走在路上、或坐在火車上，隨時隨地都代表著公司的名譽。所以公司的人事單位，要以十分謹慎的態度，來選擇態度良好、行為端正的人。

有些公司的面試，到最後只剩下一百名左右的學生，從下午一點開始面試，到最後的兩三人，已是日落黃昏的時刻了。

會客室中的燈已經亮了起來，由於長時間的等待，會客室中煙霧瀰漫。面試已接近尾聲，會客室中剩下最後一名學生，他默默地把窗戶打開，並把堆積如山的煙蒂倒掉，接著拿起放在房間中的抹布，稍微擦一下桌子。

不久負責人傳叫他，於是他走向面試室，他果真能被採用嗎?他所做的事情和面試結果有何關係?他是個愛拍馬屁的人嗎?如果你是人事單位會如何?他被採不採用是另外一回事，但是他若進公司，是絕對不會損壞公司名譽的。

新商品

十年是個往昔的話，那麼就在四個往昔以前，日本有一位叫柳家金五郎的單口相聲家，他的單口相聲功夫是天下第一的。特別是在「第二次世界大戰，根據他在軍隊之經驗所作成的「兵隊落語」，凡是聽過的人無不捧腹大笑。

他有個很奇怪的習性，他同時也是為人所知的「發明狂」，想出一個又一個奇怪的西，且申請了不少專利權，提出過專利的東西大概有數百件吧！很好玩的（雖然對本人來說不好玩），一件專利也沒通過，但不管是那個發明，都讓人感受到他體貼入微的人品，而不覺討厭。

其中有一項是在木屐前面裝燈泡，當時路燈很少，走在街上要拿手電筒，但如果手中拿滿東西時，便無法再拿手電筒，因此，他乾脆把木屐和燈泡裝在一塊，這便是單口相聲家式的發明。

但仔細的考慮，這當然賣不出去，因為木屐要裝電燈，則一定要有電池，若把電池裝在木屐下面，猶如穿上鐵的木屐一樣，重得難以走路。但不可否認的，這是很幽默且設想週到的商品。

發明、製造新商品時，每家公司都是很盡心盡力的，但不管如何的努力，不可忘記的一點是「合乎世間的道理，不依自己隨便的想法去做」，這樣一來，以前所看不到的地方，現在都看得到。在日常生活中常常忽略掉一些重要的東西，於是發掘了完全不是預期中的東西。

若不能合乎世間的道理，而持有先入為主的觀念，也就發掘不到真正想要的東西。發現感冒藥的富雷朱哥博士，在一次微生物實驗中剛好得了感冒，從鼻中流出的鼻水掉進微生物中，因而發現了新的酸氧素。這是在很偶然的一種機緣中，從青黴菌裏發現了盤尼西林。

有家製藥廠在一九八〇年發明了「寶礦力斯伊特」運動飲料，因而大發利市。在初夏的某一天，那藥廠的副董事長和醫師朋友打高爾夫球，在擦汗時，朋友向他說：「我們醫生在動大手術要止汗時，都是喝輸血用的一種生理食鹽水。」無意中這副董事長楞了一下，「對了！如果在運動飲料中加入和人體液體相同的鈉、鉀、鎂等元素的話，則可達到止汗的最高效果，不是嗎？」因此製成的寶礦力，在七、八年後，每年都是賣到四百億台幣的商品。

另外，還有一家電子工業公司所發明的用完就丟式的懷爐及釀造公司發明的保溫型罐裝清酒，前者是應用「鐵急速酸化就會出熱」的原理，後者是應用「石灰加水則出熱」的原理。這兩個原理是大家所熟知的「自然的道理」，世間的事只要不持成見，以最正直的眼光來觀察，自然是會教我們很多事情的。

所謂顛倒夢想，大都是一個人感到滿意，只對自己有利的想法，因而忘了考慮別人、別的事。這樣就算發明新的東西，也是沒有用的。但是，如果你抱持著「要讓世間的每個人都高興」這個大目的，應用自然的道理、原則來努力的話，「自然」這東西也會幫助你的。

長筷子

去吃中華料理時，在餐桌上一定會放有呈象牙色的長長筷子。當然，不是每家中華料理店的筷子都是用象牙做成的，也有用塑膠做的。

為什麼談長筷子，這是有原因的。應該聽說過這世上有所謂的天堂與地獄吧！在這天國和地獄中，住著一種叫長筷子的人類，因為是沒有到過的地方，所以有一天在夢裏去訪問了。正猶豫著要先去那裏呢？對於像我這樣的人類，大概和地獄的關係比較深吧！所以先去地獄好了。

長筷子族是住在前往地獄的第一個國家，稱為「餓鬼國」。他們的特徵是兩手黏著很長的鐵筷子，聽說這是在成為那個國家住民時被強迫黏上去的。大概是使用一種很強的強力膠，是絕對拿不掉的。

在每個餓鬼的前面都擺有很深的食器，裏面放著有許多山珍海味的美食，但每個餓鬼都面黃肌瘦，憔悴枯弱，肚子因水而腫脹，一看就是營養失調的樣子。餓鬼們都盯著這些美食看，口水都快流出來了。

雖然每個人都拼命伸著長筷子去夾東西，但因為筷子太長，所以根本吃不到食物，想著「啊！真可憐！眼前擺了這麼多好吃的東西，伸出去夾卻吃不到」，真想幫助他們。就好像看著水族館的魚一樣，怎麼個也幫不上忙，所以就離開地獄了。

第二天又在夢中，這次想到遙遠的天國去看看。

天國仍然也有長筷子族，他們也和餓鬼國的住民一樣，兩手黏著長長的筷子，但是，每個人的筷子都是用象牙做成的，「雖然筷子很好，但和餓鬼國的人一樣吃不到食物，真是可憐……」，這樣地想著，不過，每個人都笑容滿面，一副很開朗的表情，且臉色紅潤健康。

「為什麼呢？不是吃不到嗎？」真令人百思不解。

但當夢境轉移到餐廳時，則一切都明瞭了。餐廳裏也和餓鬼國一樣，桌上擺著很深的食器，裏面盛滿了美味的食物，與餓鬼國人所不同的是，一個食器一定圍繞有兩個人，兩人互相地用筷子夾菜，放入對方的口中，「原來如此，這是餓鬼和福德之人不同的地方！」了解這個之後，便離開了天國。

有「相互扶助」、「相互尊敬」這樣兩句話，在個人集合體的公司組織中，有你幫他人的時候，也有需要他人幫助的時候。

所謂的「扶持」，就是「互相伸手」，伸出援手幫助有困難的人是很重要的，因此大家平常便要互相的尊敬。

有的人會說「我的周圍沒有可尊敬的人」，那是因為你只看到別人的表面，而沒有打開你心中的眼睛去看別人的緣故。

「在這世上，除了你以外的人，大家都是你的老師」，一般說來，自己周圍的人有百分之二十，是確實值得自己尊敬的老師。另外的百分之八十是反面的老師，不管是值得尊敬的老師也好，反面的老師也好，你都要尊敬對方，在對方有困難的時候，希望你不分時間、地點幫助他人。

這樣一來，在不久的將來（百年以內稱為不久的將來），一定不會成為餓鬼國的住民，而會成為天國的福德人。

第五章

般若波羅蜜多

自己有的技術、知識、財產，不吝嗇地給予與你有緣的人。

在日常生活中遵守自己所定的原則，對任何事情都能忍耐，對工作全力以赴，沉住氣、為世間出點智慧、貢獻力量，這是了不起的加法人生……。

所謂布施（之一）

「什麼？布施的修行？對和尚施捨就好，不必要修行。」

所謂的布施，就是「施」的意思，有錢人向為錢所苦的人施捨金錢，學者對想做學問的人布施學問，技術者對技術者布施其技術，和尚對施主及信者布施教義。那麼，如果沒有錢、學問，也沒有技術、也不是和尚，到底要布施什麼才好呢？對什麼也沒有的人，則布施「溫柔的關懷」，所以，布施的修行是指「和他人接觸的修行」。這樣的話，該如何來布施「溫柔的關懷」才好呢？

•布施溫柔的目光

「眼睛像嘴巴一樣會說話」，當我們看對方的時候，希望能用溫柔的眼光注視著。眼睛是靈魂之窗，看到對方的眼神，馬上就可以知道對方在想什麼。

因為發怒的心、高興的心、痛苦的心、悲傷的心、想哭泣的心，全都表現在眼神上。眼睛呈三角形是發怒的眼睛，眼睛呈圓形時是吃驚的眼睛，溫柔的眼神是佛祖的眼睛。所以，希望你也能適時注意表現出溫柔的眼神。

•布施柔和的表情

「常常笑容滿面，大家都幸福」，這是常使用於保險公司和銀行的標語。的確有大批契約的話，保險公司、銀行也都會笑嘻嘻的吧！

不管是誰在幸福的時候，總是笑容滿面的，常常笑容滿面的話，很自然地，幸福也就跟著來。有人說「常微笑會有皺紋」，有些女性很在意這件事，但是，微笑的皺紋是很溫柔的，所以，不須要擔心。如果常生氣，表現出一副不和悅的臉色，是會有不高興的皺紋的。

在眉間有直的皺紋，稱為不幸的面相。如果看到直皺紋的話，在睡前貼膠帶也是可以的。另外，常常面帶笑容，在不知不覺中皺紋會漸漸消失，所以，希望你也留意要時常笑容滿面。

•布施真心的言語

誰都希望能夠真心得到幸福，卻常沒有注意到自己是要讓別人心情好，「應該要從自己說起」。要說讓對方心情變好的話，在不知不覺中自己也會幸福，所謂「對方心情好的話」，並不是諂媚奉承，而是發自內心的話，內心的話有三種。

第一是「溫柔的話」，雖是文字上溫柔的字眼，在實際上要說是非常困難的。就好比「是」這個字，對方叫你時回答「是」，但要適切是很困難的。譬如說「是是」，則對對方有些輕蔑，吸口氣才說「是——」則有點拖延，因為在任何時間、任何地方，別人叫你時，要真心的回答。

第二是「柔軟的話」，這就是「對不起」這句話。自己不對的時候都不能很坦率地承認，尤其對方是部屬、小孩時，礙於面子問題而說不出「對不起」三個字。所以，當自己不對的時候，不論在任何時候、任何地方、任何對象，請不要礙於面子，溫柔地說聲「對不起」。

第三是「體諒的話」，這個是自然所用的話，這就是「謝謝」。有很多人在必須說「謝謝」時說「對不起」，或要說「非常謝謝」時只說「謝了」，這實在是不對的。例如，對於部屬或小孩不承認而反辯時，反而會受到輕蔑！所以你在何時、何地，或任何人受惠時，希望都能夠心存感激地說聲「謝謝」。

所謂布施（之二）

一九六七年二月二十八日，走北海道宗谷本線往旭川的火車，在鹽狩峠的頂上出事了，車上坐了好幾百人，火車失控，是由於煞車失靈的原故所造成的。

碰巧搭乘這班火車的三十二歲年輕人長野政雄，用自己的身體當煞車，投身於鐵路上而死亡。

另外，在一九四一年七月，在波蘭的收容所裏，由於納粹的關係，有位男子無罪但被判餓死刑。在同室被收押的高路布神父，希望能代替那名男子，兩週後八月十四日，高路布神父安詳的死去。

這些故事雖然古老，然而不管過了多久，仍深深打動人心。

當別人有困難，或危險的時候，能忘記自己而救別人，這樣的行動稱為「布施行為」。

再舉些切身的例子來說，當自己筋疲力竭時，好不容易有個位子坐，不久人漸漸多起來了，站在自己前面的人提了很重的行李，並且年紀也很大，你會怎麼辦？

「我幫你拿行李吧！」然後把行李放在膝蓋上，這也是布施行為。

另外，從外地來的老年人向你問路，這是常有的事，你覺得很麻煩，大概會回答說不知道吧！即使有些麻煩也該告訴他，這就是布施行為。

希望不論何時、何地、對任何人，都不要忘記帶有布施行為的心情。

•布施願望

像這樣為別人的幸福而祈求的布施沒有吧！但是比這個更困難的事沒有吧！為什麼呢？因為人類在別人發生不幸時，看起來很同情，但內心是很幸災樂禍的。另外，在別人很幸福時，則希望別人不幸，這些都是本性。所以，要在別人不幸時感到悲傷，在別人幸福時感到高興，是非常困難的。

有個光靠老年人津貼過日子的老太婆，有一次她因為腦血管阻塞而病倒，手腳都不自由，儘管如此，「我只要這樣活著就很幸福了，但我要做些什麼才能對大家有用呢？我的身體行動不方便，自己的事也不能滿足，怎麼辦才好呢？」此時回答說「從心裏祈求不只是家裏的人而已，周圍的人也一樣，祈求保祐他們平安。」

這是很好的，向佛祖求保祐的人很多，但是，要不關自己或和自己無關，而能從心底祈求別人的幸福的話，這個人才是真正偉大的人吧！

・布施招待

任何人都歡迎對自己有利益的客人，而對那些會造成自己損失的客人，則非常冷淡，人們要排除自己的得慾來接待人是不太容易的。

在接授入學考試，入公司的合格通知時，對那些郵差先生都很客氣和藹，然而對那些保險、報紙的推銷員則給予冷淡的態度。

「為什麼會如此不同呢？」你不認為不可思議嗎？有句話說「擦身而過也是緣份」，在這世上誰會怎麼樣，沒人知道，有這種特別的緣份到你家拜訪的人，不論何時都客氣地接待他們才好。

所謂「布施」，最基本要有顆「溫柔體貼的心」，有錢人以這個心布施錢給貧困的人，學者布施學問給那些想做學問的人。

另外，有人生經驗豐富、有智慧的人，為那些生活不安而煩惱的人解惑，這也是很大的布施。

在世上作布施善行的人很多，但布施時必須注意的是「布施要不求回報」。若求回報，反而會造成對方的困擾，所以布施以後，要忘記對誰布施過些什麼，而這是很重要的。最好是連「布施」這件事都忘記，這才是最好的布施。

所謂持戒（之一）

「行為的持戒」有三個。

在太平洋的深海中，有一艘紅色生鏽的船。所謂的鏽，是鐵氧化所形成的，若是船的保養不好則會生鏽，然後就會腐壞了。人類也是一樣，若是心地不好，一直重複著惡行，也就無法有所成就。所以，「持戒」是有必要的。也就是「自我的戒條」，持戒就是「常持的戒條」，首先是「自己行動的戒條」，這有三點：

第一是「勿殺生」

當然，所謂勿殺生就是「重視東西的生命」。

「殺人」是個很令人厭惡的字眼，最為殘酷的殺人方法就是綁票誘拐殺人，誘拐小孩子而殺死是該下地獄的。雖說像動物一樣的行為，但動物絕對不會為了威脅其他動物的父母親而誘拐他們的小孩，所以，這些人可說是連動物都不如。

但有人會說「人類殺牛、殺豬、殺魚來吃，這不也是殺生嗎？」對此的回答是「沒有必要則不殺生。」

強者食弱者是自然的道理，但一隻獅子絕對不會一次吃一百隻鹿，吃一隻便夠了。到下次肚子餓以前，即使有很好吃的動物靠近，也都不會看牠一眼。

但是，人類為了自己的快樂，不在乎的殺生，被稱為運動的打獵、捕魚，若捕到大魚則如獲至寶，很高興地把它帶回家，因為吃不完，所以分一些給鄰居，剩下的則丟到垃圾桶裏。像這樣為了自己的快樂而殺生，必然會有所報應的。

並不是只有生物，汽車也好、船也好，人類所製造的有形物，事實上都算是有生命的。稍嫌破舊就換新車，還能用的東西隨意丟棄，這些都可謂之殺生。

還有更不可思議的是，即使是新車，常把它擺著不開也會壞掉，而舊車雖然性能沒有那麼好，但常常讓它跑動就不容易出毛病，相信很多人都有這樣的經驗吧！

不只是汽車、冰箱、洗衣機等也是同樣的道理，有緣在這世上出現的東西，直到壽命終了之前，都應該要好好地使用、珍惜，這也算是做到「不要殺生」。

第二是「不要偷」

人類有想要得到別人東西的劣根性。所謂偷的行為，有「小偷」、「扒手」、「樑上君子」、「強盜」等種類。無論如何，騙取他人的財物，從事這類不勞而獲的勾當，是絕對不可以的。

所謂「若要人不知，除非己莫為」，即使騙的過別人，也騙不過自己的良心。像「偷」這樣的行為等於是借錢，還是得在來世還清的。然而，雖然是如此重要的道理，那些偷兒卻都忘記了。

另外，利用自己的地位、職權來收取廠商的賄賂，這樣的人也稱為盜賊。好不容易長年建立起來的信用、地位，只因一時的貪污，都將付諸東流。而那些不義之財，在尚未仔細計畫用途之前，就可能東窗事發招致可怕的惡果了。

例如：即使不玷污自己的手，而去偷看別人的答案，秘密文件；或是偷聽別人的談話……，這些都無疑是小偷行徑。

此外，偷吃別人的東西也是一樣的，具有這類劣根性的人，眼神多半是飄來飄去、游移不定的，人品也將變得十分低俗。因此，千萬不要有這樣的劣根性。

第三是「不能有脫軌的性關係」

人類也好、動物也好、都是具有性慾的，但絕對不可以脫軌。那麼，什麼叫脫軌呢?就是「與別人妻」或「與別人丈夫」等，發生不正常的性關係。

不管是在一夫一妻的國家或一夫多妻的國家，這樣的規矩都要遵守的。所以，不管看到隔壁有多美麗的花，一個男人不應該去牽別人太太的手，而一個女人也不該委身於她人的丈夫。

當然，人類有愛慾的心，因愛慾而茫然不知所措的時候並非沒有。以前有位神通廣大的得道高僧，他有一個徒弟對修行相當熱衷，高僧常對徒弟警告說：「你最好不要接近女色。」弟子很不高興地想著「我已是如此地大徹大悟，而師父竟然還懷疑我」。

有一天，這徒弟在河邊看到一名女子溺水，趕緊下水去救她，長久以來禁慾的徒弟，接觸到女人肌膚，突然產生了難以克制的情慾，便把那女子放在草坪上，將自己的身體壓在她的大腿間。

突然，那女子的臉變成了師父的臉，對驚嚇而欲脫逃的弟子，師父教誨說：「人類的愛慾之心，是會慢慢潛入心中的。」不站在對方的立場來考慮，這樣的愛慾也是不合道理的。

另外，在作愛時也必須分辨時間、場所，古代的戒律書裏亦曾提到「非時非處」、「月經之時及產前產後不要交合。另外，祖先的供養日及祭拜神明之前也不要交合」等告誡。總之，性的關係是不能有脫軌行為和不誠實心的。

所謂持戒（之二）

下列有四個「言語的戒條」：

第一是「不要說謊」

人類隨便亂說話，或說些不負責任的話，常會導致「禍從口出」。謊話有很多種，「不知為謊話的謊話」、「信口開河的謊話」、「死要面子的謊話」、「心懷惡意的謊話」、「佯裝不知的謊話」等。

有所謂「謊話不知為變通之道」的講話，但這是說謊者為自己辯解所說的。起初只是說個小謊話，然後就恢復平常的樣子，後來又再撒謊，接著又要為了掩蓋這謊話，不得不再說更大的謊，最後終於露出馬腳，別人就不想理你了。

只要是個人，都不可能做到完全不說謊，但要適當得時才好。不論何時，只要說謊便會覺得痛苦，若是都說真話則不會痛苦了。所以，在任何時候、場合，都能不說假話的話，便可以愉快的過日子。

第二是「不說諂媚的話」

聽到嘴巴甜的人所說的話，都會覺得十分高興，這便叫做「上當」。拍馬屁就好比「打大鼓」時，猴子將隨著鼓聲手足舞蹈一樣，雖然讓對方覺得欣喜不已，但過度的馬屁話，會讓旁人聽了不禁竊竊恥笑的。

聽到奉承話時，就如同聞到花香一樣，心情很好，但把奉承話當成真話來看的話，不久更會發覺這當中有很多是毫無道理、不能置信的，所以，聽奉承話或者是說奉承話時，一定要有適當分寸的。

第三是「不說別人的壞話」

人類對別人感到不滿、憤恨、嫉妒或被人責罵時，就會想說別人的壞話。至於說壞話的情況，大概是「我並非有意說別人的壞話，只是……」，接著就開始說起別人的壞話。

從實際上來看，說別人的閒話、壞話、是非常舒服的，許多做丈夫的在下班後去喝酒，說說上司的壞話；而在家中的妻子則和別的太太一起，滔滔不絕地說著自己丈夫或其他不在場人的缺點。

雖然「絕對不要說別人的壞話」是最好的，但卻很難做到，所以我們只能盡量警惕自己，「說別人壞話一定要有分寸的」。

第四是「不能有兩張舌頭」

「騙人者人恆騙之，不騙人者人亦不騙之」，這是個常為人道的事理。人類若用一張舌頭來說謊，一張舌頭來說別人壞話，則是十分過分的。

有兩位感情融洽的黃先生和林先生，由於曾先生嫉妒他們兩人，所以曾先生就向黃先生說了些有關林先生的壞話，並且也向林先生說黃先生的壞話，不久便看到深信這些話的黃先生和林先生感情破裂，曾先生則在一旁冷笑不已。

另外，看著即將要升級的同事而眼紅，跑去向上司造謠陷害，這是常有的事。

像這樣使用兩張舌頭的人，實在是個不折不扣的大壞人，所以絕對要小心謹慎，千萬不可使用二張舌頭。

所謂持戒（之三）

總之，「心的持戒」有下列五點：

第一是「不吝嗇」

聽到「那個人很吝嗇」時，則會聯想到「什麼都放到自己荷包內，絕不拿出來的人」。對錢很吝嗇的人稱為「守財奴」，有些地方則戲稱這樣的人為「只問價錢而不買的小氣鬼」。本來節約是一種美德，平常連一張衛生紙也不浪費，但有必要時卻捐贈大筆金錢，這樣的人則不算是吝嗇。

所謂的吝嗇，並非僅指金錢而言，學者對自己長期苦心研究的學問，不想傳授給別人；技術者對自己所學到的技術，到死也保守秘密不為人知，因而造成這些寶物的腐朽、失傳。

所以，所謂的「不要吝嗇」，就是指應當付出時，則將自己所擁有的金錢、學問、技術等，都毫不吝惜地拿出來。

第二是「不貪心」

以前貝殼曾被拿來當貨幣使用，所以，現在凡是與錢有關的字，幾乎都帶有貝字旁。例如「貪」這個字，就是「現在就要錢」的意思，這是非常極端的慾望。吝嗇是守得太過分，而貪則是要得太過分，這些都可稱為「強慾」。當人類變得太過強慾時，則凡事永無止境，如同掉入無底的沼澤中一般，不管賺得多少，都不會嫌獲得太多而認為夠了。

強慾的人都是隨欲而至的，不在意失去了心中真正重要的東西，那便是「人類的真心」，失去了真心的人則沒有必要再存活於這個世上。所以，貪婪的強慾一定要適可而止。

第三是「不要生氣」

不管做什麼都會生氣而亂發脾氣的話，則最後終將遭到失敗的命運，並且會使腸胃變壞。在此有治療生氣的特效藥，若生氣時則深呼吸三次，然後合掌，如此便可以了。這副藥的效果是很好的，但遺憾的是如果不試吃看看的話（做做看），就不知道藥效之神奇了。

第四是「不要嫉妒」

嫉妒心是由於羨慕別人而引起的，看到別人幸福就羨慕，接著慢慢變成嫉妒，最後嫉妒則成了憎恨。

譬如，做丈夫的看到自己太太在派對中很受歡迎，於是心中嫉妒，最後終於忍受不了，竟然鬧得只好離婚。只有適度的吃醋才可能增加夫妻感情，因此，適可而止的嫉妒是最好的。

第五是「不要有不合道理的想法」

所謂的不合道理就是「不正」，而不正的相反便是正，正就是要用正確的想法來思考事情。那麼，所謂正確的想法又是什麼呢？就是「合乎道理的想法」，合乎道理的想法又是什麼？就是「做好事、會有好報、做壞事、會有惡報」。

大家都知道「因果報應」，這是含有相當可怕意義的。把因果報應比作借錢好了，做好事情的話，如同借錢給別人，最後可以連本帶利的收回來。而且因果報應就好像台灣銀行所發行的本票一樣，是絕對不會倒掉的。

相反地，做壞事就好比借了高利貸一樣，必須要付出很多的利息來還錢。而有些債務人就如同「地獄閻魔」一樣，借錢的人不管逃到那兒，都好像逃不出他們手掌心似的。這也是種因果報應。

不管做好事也好、做壞事也好，結果就會變成下列四種情形：

一、祖先、父母親的行為結果並沒有在我們這一代出現，而出現在自己的子孫那一代。

二、祖先、父母親的行為結果出現在我們這一代。

三、自己的行為，結果出現在自己一生之中。

四、自行的行為結果沒有在自己一生中出現，而報應在子子孫孫那一代。

這就是世間的道理，這就好像水一定是由高處往低處流的自然法則一樣，所以會有「行善則九族昇天」、「殺和尚的話禍延七代」等諺語的產生。然而，因為不曉得這些法則而做壞事的人實在相當多啊！

所謂忍辱（之一）

所謂忍辱就是「堅忍」的意思，和忍耐辛苦的忍耐是有點不同。

在佛祖和佛壇前供奉鮮花，實際上，那鮮花是用來表示人類「忍耐之心」的。為什麼花是代表忍耐的呢？這可能會被認為是不可思議的。

花開通常是一年一次，以櫻花而言，它是極為美麗的，但開花期卻僅僅只有一週而已。花開的時候大家盡情欣賞，花落的時候卻鮮少有人憐惜。接著又要等到明年的春天，僅為了一星期短暫的花開，櫻花樹在三百五十八天中養足活力，以一種沈靜樸實的心態，等待著下一次的開花。

在以前，相撲選手被稱呼為「一年只為了十天的男子漢」。以前一次比賽會期只有十天而已，現在一次比賽會期有十五天，而一年之中有六次比賽，所以，應該說成「一年只為了三個月……」，然而這背後有著流血般的技藝訓練過程。

那麼，前面所提到的櫻花，也該可以說成「一年只為了七天的櫻花」吧！

所謂的「忍耐」就是「一直背負著辛苦的事情」，以前的母親會勉勵小孩子「

要忍耐！」而現在的母親則會叱責小孩子「要將就！」所謂「將就」，是一種「任性」的心態，如果一直抑制這種任性心理的話，總有一天會爆發的，這是因為對將來沒有抱持希望的緣故。

「買些年輕時的苦勞吧！」的確，年輕時所遭遇到的痛苦經驗，對於日後的成長必然是助益匪淺的。

忍耐就和櫻花及相撲選手一樣，為了完成偉大的目的，不管遭遇到任何艱難與考驗，也要忍耐地等待著。並且在這段期間中，拋棄其他想做的事情，專心一意，全力以赴。當然，要捨棄其他想做的事情是很痛苦的，但也就是因為一直忍受這樣的苦，所以叫「忍耐」。

忍耐的忍是刀下一個心，象徵著即使被用刀威脅時也要忍耐的意思。也許「忍耐」這言詞是個陳腔爛調也說不定，但是，忍耐的功夫對現代人而言實在很重要。能夠忍耐的話就能得到幸福，不管在那個家庭都一樣，如果大家都不懂得忍耐，則家裏將充滿瓦斯味，何時將爆發誰也不曉得。在家裏如果大家都能彼此互相忍讓，則家庭必然和樂幸福。

凡事都能忍耐辛苦的話，總有一天會看到具體成果的。然而，對於那些因腦血管阻塞、老人痴呆症等病因，長年臥病在床的人，想要對他們做長期性的照顧是十分累人的。

況且對於一個沒有治癒希望的病人，因為不知道其治療生涯何時結束，心情上就更加苦不堪言了。但是，不管如何的苦，如果能想著「只有今天一天，試著忍耐看看吧！」如此便可以成功。

有的人心裏頭會想「啊！那個人臥病在床都已三年了，像這樣子還要繼續二、三年吧！真是太慘了！」於是就厭煩起來了。

然而在此奉勸你，如果真是如此地厭煩，放棄好了，把那病人丟到一旁離開家裏也好，但是，請你等到明天再離開，然後抱持著「就只照顧今天，今天是最後一天！」這樣的想法，在今天結束以前，盡量做得讓病人滿意。如此之後，再將離家的日期延後一天，心裏又想著「只有今天一天而已」，誠心誠意地照顧病人。

不只是照顧病人，做任何一件辛苦的事都能想著「只要忍耐今天一天」，這樣就沒有不能忍耐的事。

人的一生，是一連串的一天，老是想著一生，就會覺得太過漫長，想到只有一天，那事情就變得容易多了。但能不能抱持著「只有忍耐一天」的想法來努力，完全取決於自己本身，而此想法將左右到你一生的幸與不幸。

在此又突然注意到，各位去醫院探病時，手裏多半帶著一束花，除了代表「請早日離開病床」的意思外，還包含著「雖然是很痛苦，但請再忍耐今天一天吧！」這樣的意思。

所謂忍辱（之二）

忍辱的修行是非常辛苦的，和忍耐差不多，但對於感情方面的事則要更加地忍耐。就好比受他人侮辱、迫害時的忍辱，或是自己的一番好意，在遭到別人曲解而受到冷淡對待時的忍辱，這些都是感情上的忍辱。

以前有句話說「在穢土修行一天，勝於在深山修行千日」（所謂的穢土就是污世），像比叡山有名的「千日回峰行」修行者、真言修行者、日蓮修行者等苦修，實在不是常人所能做到的。像這樣苦修並不止是肉體上的痛苦，還必須忍耐精神上的孤獨才可以。

一個人能夠忍受精神上的孤獨及肉體上的痛苦來過日子，藉此大徹大悟的話，就能成為一名得道的高僧，就好像在孤島上生活三十年以上的，現在都是得道的高僧。

另外，那些遠離人煙在深山一人獨自生活的燒炭老伯，都是這類人物。人除了自己以外都是別人，人如果和其它的人一起生活，就會有讓別人影響到自己感情的經驗，特別是受到他人侮辱、輕視等，再也沒有比忍耐這件事更為痛苦的了。

外務人員初次造訪某家庭被拒，因而一臉哭喪。此外，由於一點小錯誤，在眾人面前被指責，真是感到萬分屈辱。

像這些忍耐就是忍辱的修行，忍辱的修行是從「平靜的心情」所產生出來的，換句話說，就是不管在任何時候都絕不可生氣發怒。

買來的影印機故障了，早上才來修理下午又壞掉了，服務員一天來修理兩次，道歉的態度誠懇、明朗，也不找任何藉口辯解、規矩的道歉、慎重的修理，客戶覺得很不可思議問道：

「我如此的發怒，你難道不會生氣嗎？」

服務人員回答說：「客戶叫我們來修理時，大都在氣頭上，即使說了很多過分的話，我卻認為會抱怨的客人是最好的客戶。因為若連續兩三次的故障發生，大部分的客戶都會改換別家公司的機器，您能夠叫我來修理，我實在很感謝。」

這是種了不起的感情轉換方式，能如此改變想法的話，則不會生氣。在心裏想著「對方竟然如此生氣，真是可憐！」站在對方更高一層的立場來看，帶著憐憫的心情，如此便能消解心中怒氣。

般若心經的首句有「觀自在菩薩」一語，觀自在菩薩就是所謂的觀音，觀音能化身為三十三種形象來解救人們的煩惱與痛苦。

譬如，當你的太太正為教育小孩而感到疲憊、苦惱時，觀音會化身成和你太太共商此事的人；如果你受到上司嚴厲指責而感到心灰意冷時，你可以把對方想成是觀音菩薩，菩薩是為了試煉你所以才罵你的。

接著請以「這是為了要磨鍊我，讓我學習忍耐，謝謝觀音菩薩！」這樣的心情來看對方。就在你心情轉變的同時，對方的臉色和語氣也隨之改變，這是因為你心中的菩薩和對方心中的菩薩相互感應所造成的結果。

所以，當你受到別人侮辱時，如果能把對方想成是觀音化身的話，那麼，你也已經成為「忍辱修行」的達人了。

所謂專心致志（齋戒）

雖然不是什麼聯想遊戲，但是，一說到齋戒就聯想到齋戒的料理，說到齋戒的料理就聯想到寺廟的料理，如果接著又聯想到「寺廟的料理不好吃」的話，好像就有點過頭了。

所謂的素食料理（即齋戒料理），就是將大地蘊育出來的東西，拼命地加入各種精華，用盡精力所作成的料理。在大寺廟的廚房裏，有能容納百人左右的廣大空間，在這兒作菜的和尚厨師每天負責供應和尚們以及前來廟裏參拜信徒的伙食。任何一間寺廟都有「和尚厨師的心得」：

第一、和尚厨師是尊敬吃這些東西的客人，用心來作料理。

第二、和尚厨師是感謝全部的材料，任何材料都將做有效地使用。

第三、和尚厨師是常考慮料理的調合，料理的顏色和形狀相配，然後再分配到適合的容器中。

至於為什麼會有以上的約定呢？因為作料理的工作稱為「精進」，這是和尚們相當重要的修行。

且說，有一句話叫做「精一杯地做」，這句話的含意十分富有趣味性。精這個字是由「米」和「青」所合成的。在從前把粗米變成精米時，要用所謂的「唐臼」以腳踏的杵來搗米，石臼的一半埋在土中固定著，臼裏則放入一杯杯粗米，把搗杵兩端的橫木加以固定，一端用手扶著，另一端則用腳踩。

搗粗米的工作是十分辛苦的，一小時、兩小時用腳持續地踩上幾千次，就好像以前用腳踩水車供應田園灌溉用水一樣；用杵來搗粗米，杵和石臼漸漸溫熱起來，利用這個熱把米和殼分開，那殼就成了所謂的米糠。

然而在作業途中一旦停止的話，便會使石臼溫度冷卻下來，如此，好不容易搗出的米，就會全部破裂而成為碎米。所以，從開始到結束都不能偷工減料，必須一直持續不停地踩，方能得青白光亮的米。因此，所謂的精一杯就是「要弄到石臼一杯的精米，一旦從頭開始便要能不休息的拼命努力」這樣的意思，換句話說，所謂的精進也就是不偷工減料地持續進行下去。

記得小時候祖母說「人類對於自己能很有精神地勞動，要抱持著感激的想法，而所謂的勞動能像香一樣是最好的」。香是一種直直的東西，人死時的葬禮上，似乎是為了讓死者能安息早日成佛，所以都會點根香插著。此外，在做法事時，也會點三柱香為「佛祖、祖先、自己和家族」來祈求。那麼，祖母所說的「人要像香一樣地勞動」，究竟有何含意：

一、如同香是直立的，人不但要隨時保持良好的姿勢，也要保持正直的心態來工作。

二、如同香在任何時候都會散發出很好的香味，因此，人也要保持愉快的心情來做事。

三、如同香一樣，一旦點火後，則直到燃完之後才休息，人也要這樣，一旦開始工作，則要不停地專心持續下去。

的確，以上這三點和「精進」的道理是相同的。

四、香在燃燒的過程中，一直保有熱量，我們人也要隨時保持熱情來工作。

五、香燃盡後則成灰，沒有留下任何其它東西，人對於自己的工作辛勞，抱持著「硬要別人感恩報答」的念頭是不可以的。

這就是祖母曾經說過的「香的五德」。然而歐美實施「週休兩天制」，台灣也跟著效仿，目前為止，「工作是美德」的說法還勉強可以存在，以後恐怕「工作是罪惡」的說法就要成為時勢所趨了。

以前台灣人被認為是世界第一的勞動者，因此，經濟力量突飛猛晉。但是，現在可能已變成了世界第一的懶惰者吧！這樣一來下次就成了「週休三天制」，最後「週休六天制」，一年之中只工作五十天，如果真的變成這樣，其結果可想而知。

所謂的「工作過度」，是引起歐美人士嫉妒的原因，就如同喝得爛醉如泥的人恥笑不會喝酒的人說「酒那麼好喝竟然不喝，真悲哀！」其心態是一樣的。

「休息、休息」地亂吵一陣，台灣已漸漸成了休閒地區，每個人一年之中有三百天以上在遊玩的話，該怎麼辦才好呢？並非什麼陳腔爛調，不管時代如何在變，「工作仍然是美德」。所以從今後起，每當向佛祖獻香時，吃素（精進料理）時，希望能滿懷自信地勉勵自己「我工作也要如同香一樣的一刻也不懈怠的努力」，讓自己的內心充滿一股新氣象。

所謂的禪定

禪定就是心平氣和地打坐、坐禪也好、正坐也好，偶爾集中精神，試著靜靜地觀看這世界的動態吧！雖說如此，但並非是要觀看世界的經濟情勢、台灣的政界動向等大事，而是環顧家中的生活情形。例如，太太的動向等等。

看著冒失的太太為廚房的事忙得團團轉，因為來回走動時不太注意，所以常常被桌椅腳部絆到，附近有位朋友買新房子，我便忠告他「廚房必須針對女性來設計才方便」。

人都是一樣的，只要內心無法保持鎮定，就很難去顧慮到工作的先後順序，所以往往會造成顧此失彼的現象。例如在超級市場購物時，最好先寫備忘錄（要買的東西），就不會有忘了購買的東西。若沒有事先計畫一下，等看到之後才拿來放進籃子裏，這樣就很容易把重要的東西忘得一乾二淨。

在報社、影印、傳真一類的公司，剛進入公司不久的營業人員會到處推銷說「我是××報社的工作人員，請訂閱我們的報紙」，或「我誠心的建議您購買××公司的傳真機」。

而對方回答說「我們所訂閱的就是你們報社的報紙啊！」「我們所使用的傳真機，就是向貴公司購買的，你是說要不要再買一台嗎？」為什麼不讓新進的業務人員事先知道公司的顧客名單呢？這些輕率的新進人員，其上司當自己老婆生產時，或火災發生時，想必也是驚慌而不知所措的吧！

仔細地想一想，則知所謂的「鎮定」是非常重要的自然法則。你在睡覺前是否有定下心來反省一天中所發生的事情呢？上司邀你「如何？乾一杯吧！」而你卻喝多了。深夜裏醒來想到前夜的事情，「啊！我為什麼跟科長說這樣的話，佛祖啊！我絕對不會再說同樣的話，我發誓！」為此感到懊悔不已。

在天主教中，這樣的行為稱為「懺悔」，佛教也用懺悔這兩個字，然而不管天主教也好、佛教也好，其用意都在讓人反省自己過去的所作所為，對自己的過失做告白並發誓改過，但這到底是為什麼呢？

想必所謂「懺悔」的行為，在我們日常生活中扮演著相當重要的角色，因此，就算是只有今夜而已，也不妨試著反省今天一天所發生的事情吧！

- 你今天一天是否有對人不守信約？
- 你今天一天是否愉快地工作著？
- 你今天一天給別人添麻煩嗎？
- 你今天一天是否做了白費力氣的事情？
- 你今天一天是否都很鎮靜地採取任何行動？

在睡前三分鐘定下心來，好好地反省這五點，這就是禪定的修行。

人生有好運和壞運，運氣好時一連串的好事都接連而來，「家人及父母親都身體健康、前幾天我的第一個男孩出生了、這個月弟弟進入一流的公司、妹妹通過職業高爾夫球測試、再加上中了五百萬台幣的獎金！」

如此便是這個人「運的終結」，換句話說便是好運的終點。

所謂風水輪流轉，人的一生中好運與壞運是有周期性的，然而對當事人而言則是不可預曉的。接著壞運來了，「這半年間，雙親逝世，長男出生後一直生病，中獎的錢也耗費殆盡，如何是好呢？……」此時傳來了神的聲音，「請鎮定，你的不幸還會繼續，不要擔心，飛機一旦墜落，在落地之前也不可能停止的，所以，你的壞運要等到落地之後才會結束」。

的確，當人運氣不好的時候，非常著急地想要回復到以前的佳境，但愈是著急則愈像掉入地獄一樣，是會越陷越深的。

陳先生是個非常好的男子，他說：「自己做小事業是比較有發展的，所以想辭掉工作，但資金稍嫌不足，你也投資一點好嗎？」

並非算是合夥，僅是借了些錢給他，但過了一年，「現在正處於危險的狀態，若再周轉一下的話就可以了，拜託！」

於是又借他一點錢，向這樣接二連三的，兩個人都愈陷愈深無法自拔了，像做這種事的人便叫作「不鎮靜的人」，也就是「一旦陷入便永無止境」的意思。

在陳先生剛退落的時候沒有救他，任憑自然的趨向而置他於不顧，害他深陷泥沼之中，若能即時挽救也會陷得比較淺些。因為不夠鎮定所以漸漸地深陷，而禪定的修行能使自己在好運的頂點及掉入壞運的谷底時，靜靜地看透一切。

所謂的智慧

有句古老的詼諧短詩——「有智慧的兒子讓父親束手無策」，有些小孩子會找些藉口來欺瞞父親騙取金錢，由於撒謊的技術相當高明，不知不覺中就變得很會騙錢了。然而後來浮現在小孩眼前的是抱頭傷心不已的父親，這個兒子的智慧是壞智慧，在商業上利用假收據來亂報交際費、出差費等，也算是一種壞智慧。

般若心經的「般若」就是智慧的意思，但和惡智慧是不一樣的，那麼，好智慧是怎麼樣的智慧呢？

就是能正確地理解事物，產生安定沈靜心靈的智慧。

我們常把知識和智慧這兩個名詞混在一起使用，現在的學校為了灌輸知識，似乎有些操之過急了。補習班、大學隨便就設立，如同「知識博士」的百科字典大量出現一般，真叫人拿它沒辦法。

然而今後社會所真正需要的是智慧人，而不是知識人。所謂的智慧人，要能正確地了解這世間的道理，並以自己的經驗來幫助別人。要成為智慧人則必須知道以下七件事情：

第一知「理」

這裏所說的理是指因緣方面的事情，因緣是不可思議的，請想想看，你和目前所從事的工作是基於不可思議的緣，你和老婆的結合也是不可思議的緣。這便是一種「天道」，古時候稱為「天道先生」。

「天道先生的道，從古至今都是沒有錯誤的，播種麥苗則會生麥，木舟會浮、土舟會沉，這都是一定的，誰都不會覺得不可思議。做好事會有好報、做壞事會有惡報，目前有人為了追求自己的利益而做壞事，這就好比乘坐土舟渡海一樣，將為天道所不容。播惡種必收惡果，正所謂隔牆有耳，老天有眼，一旦做了壞事，就難逃其罪的。」

如果知道天道先生的道，那麼，也會覺得自己被生在這世間也是一種很不可思議的因緣。

第二是知「事」

用一句話來說就是「看你的腳根」，好好地觀察你在家中的立場；做為商業界人士在工作崗位上的立場。對於世間所發生的事情，要將它原原本本地看清楚是非常困難的。不論是誰，多半都會考慮對自己有好處的事，因而帶著有色眼光來看事物，於是便產生了錯誤。

就拿生病來說好了，檢驗後說你可能得了癌症，但自己認為家族中沒有人得過癌症，所以想「我也絕對不會得癌症」，於是置之不理，因而造成醫療上的遲延。這也是因為對事實沒有以客觀角度來看的緣故。

從商業上來說，依據企業診斷的報告結果顯示，你在事業上的作法將是造成失敗的原因。但是，自己認為長時間都是用同樣的經營手法，應該沒有什麼不好的，於是再三堅持，不久公司就倒掉了。這是因為沒有冷靜地檢討自己的營運方法所造成的。

第三是知道「經驗」

聽、看、聞、嚼、觸摸等五種感覺的經驗就是一種體驗。這種一再重複的體驗是絕對忘不了的。游泳、騎自行車等，這些都算是自己的體驗，在這世上只要沒有違反法律造成別人麻煩的話，任何體驗都將對你的人生有所助益，總有一天會派上用場的。

所謂「技能助身」，這並不是謊言，平日所學的技能，早晚會用到的。譬如，小孩子應該知道削鉛筆的方法、扭抹布的方法、削蘋果的方法、打掃的方法，事先獲得這些從生活上所得來的基本體驗。這些經驗在小孩長大後，一定會成為「大人的智慧」的。

第四是知道「節」

「所謂的節分（季節轉換日）就是撒豆的日子」，這是大家都知道的，但是對於節分在一年裏分為四次的情形則不太了解，在立春、立夏、立秋、立冬的前一天稱為「節分」，一年則因四個節分而可分為四季，年有節、竹子也有節，人類也需要有節，那便是所謂的「節度」、「分寸」。

在聯歡會或同樂會時，可以盡情喝酒大唱卡拉OK，但是，鬧到深夜而不管是否會妨礙鄰居安寧的話，那就有失分寸了。換句話說，這就是不知「節」的行動。

第五是知「時」

在貿易公司裏研修是很重要的，但是，對新進人員而言，長時間的研修是很辛苦的，可是在這期間，學習正確的基礎知識，將會左右到職員的一生。有些缺乏耐性的人會說：「這研修實在很無聊，為什麼不讓我早點到營業的第一線去呢？」像這樣的人，通常對於所謂的「萬一有緊要關頭」，是沒有什麼深入體會的。

這世上所發生的事情都有時期性的，即使柿子果實成熟，也要等到快掉落之前所摘來吃的才是最好吃的。

人生的道路上有紅綠燈，看到綠燈時加快腳步向前行走，黃燈亮時謹慎注意，看到紅燈時則停止行動。然而在等待下次綠燈時，如果左顧右盼的話，則綠燈（運氣）是會錯過的。

此外，說話則要像黃燈一樣，要小心留意，不然就很容易造成事故。心就要像紅燈一樣，穩定沉著隨著紅燈的正常運作，朝人生的道路勇往前進。

第六是知道「對機」

要好好地讓剛入報社不久的記者知道「5W、1H」的報導基本原則，因為能夠回答「何時、何地、何人、什麼、為什麼、如何」等六個疑問的話，則可以明確地說明社會上所發生的任何事情。

但如同這世上每個人的指紋都不同一般，對此六個疑問所做的回答也不一樣，誠如「隨機應變」一語所說，我們應該依照場合、狀況等變化來做最適當的處置。試想，觀音菩薩能依對手而變化出三十三種形體，當我們和別人相處時，也要像觀音一樣，依時、依人而作不一樣的對應。

第七是知「德」

人生下來本無貴賤之分，「總統洗澡也要光裸著身體」，實在無尊卑可言。然而，人類因為自己的行為漸漸積存德業，便可以成就完美的人格了。我們決定一個人的價值，是依據他為這個世間及人類所做貢獻的多少來評定的。

能夠充分地了解這七點並且將其付諸實行的人，稱為「有智慧的人」。

第十六章 無罣礙

碰到意外的災難或痛苦時，那是人生的一個必經旅程。像樹木和竹子一樣有很多強韌的節，然後從節中發生新芽，迎向光明的地方。

人類也能從苦痛的節中長出新芽來，只要心地光明磊落，什麼都可以想到，什麼樣的苦都能夠忍耐，則一切都將由禍轉福。

窒礙

以前的「猜謎」是很有意思的，當問「犯上貪吃嘴饞毛病如何解脫？」時，即使答道「河川裏流動的晒木綿」仍然不能明白，因此又問「那個心呢？」答「被掛在椿上無法離開」，就像這樣地被整一頓只好認輸了。

的確如此，晒木綿是在河川中洗濯的東西，流動時一旦被椿子絆住的話，就會捲成一堆而無法分開。

人的心就好比電流一樣的東西，電流受到鎢絲、鎳絲的「電流椿子」所阻礙，於是便產生了光和熱。人的心也是一樣，當與喜歡或不喜歡的人相摩擦，則產生了熱烈的愛情或厭惡的感情，如燃燒般地發出光和熱。

在此所謂的「窒礙」就是罣礙，因為人心的動向裏必然有感情的存在，所以不能率直地接受別人的意見。討厭的人和你說話，儘管他的態度和平常一樣，但由於自己的心中早已產生了「一看到臉就討厭」的先入為主觀念，所以，不能用平常的心境來聽他說話。

然而喜歡的明星和你說話，由於一開始就抱持著「好漂亮啊！」這種先入為主的觀念，所以變得很興奮，內心不能平靜，甚至不知道如何回答。

像這樣地，心被某些東西所牽絆，或拘泥於某些事物，便可稱之為「執著」。一旦有了執著的心，便不能正確地看清事物的本貌。

所謂「無罣礙的心」是指「抱持更質樸的心」，以質樸的心和他人接觸時，才能更仔細地觀察別人。相反地，也有所謂「有罣礙的心」，亦即「有窒礙的心」，有這樣的心則會執著於衣食住行、金錢、地位、名譽、學問等，而且永無止境。

有罣礙心的人賣土地，搖身一變成為有錢人，立刻變得驕傲起來，走起路來大搖大擺，一副目中無人的樣子，然而一旦股票大跌，一夜之間成了窮光蛋，便對以往所看不起的人極盡巴結之能事，奉承、諂媚而不覺羞愧。

像這樣有罣礙心的人，在春風得意時，常會得意忘形，認為一切都很順利不會失敗，然而天有不測風雲，人有旦夕禍福，正所謂好景不常，一旦不幸降臨的話，接二連三的災難將持續發生，於是變得氣餒起來，覺得精疲力盡，因而不能再忍受任何辛勞。

無罣礙心的人，他的想法和有罣礙心的人完全不同，不管如何的有錢也不會驕傲，態度和以前貧窮的時候一樣，沒有什麼差別的，反而更加謙虛。所以，無罣礙心的人，就算再度變為貧窮，也不會覺得卑屈。為什麼呢？因為即使變得貧窮，生活態度也和有錢的時候是一樣的。

此外，當幸運接二連三地來臨時，抱持著「一定會有災難來，要有心理準備」這種居安思危的心情，當接二連三的惡運果真來時，則抱持「啊！上天是為了給我下一次的幸運，而先用苦難來磨練我」這種想法，這就是無罣礙心的人。

處在千變萬化的世界裏，千萬不要執著於眼前的事物，而是要在任何時候都能抱持著一顆平靜的心。

無所得

曾經歷過第二次世界大戰及戰後物質缺乏生活的人，都對東西很珍惜。或許是當時養成的習慣，儘管身處在這個奢侈浪費的現代社會裏，有些人會把那些還能夠使用的冰箱、電視機等保留下來，捨不得棄舊換新。

看著自己家裏的櫥櫃嘆道：「我家實在太狹小了，真想住在更寬大的房子裏，仔細瞧瞧，三年前收到的禮物及平日東西所用的包裝紙早已堆積如山。」每次做大掃除時，看到那些紙箱便說：「這些紙箱已經沒有用了，把它丟掉吧！」然而別人則會說：「不！將來一定會用到的」，於是又把它們給留了下來。

所謂的「所得」也是一種「障礙」、「執著」，把包裝紙保留起來的人認為，這些東西總有一天還會用得上，因而抱持著執著的心態，實在很可憐。這個人把不同的包裝紙、紙箱子留下來，占滿了家裏的活動空間，自己便生活在狹隘的居家環境裏。到這個人死的時候，不是也必須把這些東西丟掉嗎？

現代的社會雖說家家豐衣足食，但所住的大廈或公寓雖能遮風避雨，卻稍嫌狹小，儘管狹小，但是，因為人的有所得之心太多，家中的每一個人都堆積了不少東西。房間就更加顯得狹窄擁擠了。

自古以來，茶室和和尚的房間都不擺無用之物，這就是為了讓他們自己要有無所得的心。要讓今後的人住家生活豐富，並不是要大床、或很豪華的會客室，而是要把「所得」換個觀念，了解沒有擁有的快樂，換句話說，相同所得的話，希望能持有更寬大的「所有空間」。

佛祖中有一名「虛空藏菩薩」的佛祖，就是這位佛祖持有虛空的寶藏。在『一寸法師』的童話中有「敲出的小槌」，槌子的中間是空的，但稍一敲打則什麼都跑出來。

即使餓得快要飢不擇食，那些遠從遙遠南國飛來的燕子，依舊能憑藉努力找到糧食。同樣的，我們如能以一顆平常心來拼命地工作的話，自然也可以找到糧食，這就叫「成無私」。完全捨棄自己對事物的執著心，一切任憑大自然的話，就更能激發出潛力。

很多人都認為自己的行動是由腦來發布命令，其實這是錯誤的，生命是種非常不可思議的東西，以前有首歌是這樣子的：

「把櫻花樹解剖開來看什麼都沒有，櫻花的種子到底是什麼。剖開每年都會開花的吉野櫻花樹，就知道櫻花的下落了。」

櫻花樹沒有腦也沒有心臟，等春天一到就會開花。此外，即使不是櫻花樹，把樹的切枝插入土中，首先長出來的是根而非分枝，這是為什麼呢？人類是由腦來下命令，但命令腦的又是誰呢？難道腦的裏面還有腦嗎？不對，大自然就是生命，所以將一切交付與大自然就會變得無私。

「我死後無論如何都想到極樂世界去」，即使向佛祖合手如此禱唸也沒有用，將大自然賦予我們的生命，為了這個世間、人類、無私地完全燃燒，就能符合原始自然的道理。

任何一個公司都要選擇經營繼承人，這是非常困難的，此時做為判斷基準最重要的一點是「無私」。

成為繼承者的人，要能不執著於自己的所得，而且不論何時，如果都能保持無私的話，那麼，公司也必定能平安無事吧！為什麼呢？因為無所得的人對於自己的引退時期是相當清楚的，不會眷戀著不該屬於自己的東西。

以前日本的經營者中有一位「土光敏夫」，他和他的師父石坂泰三所共同持有的經營指導理念便是「無私」和「德義」，所謂的無私就是不拘泥、無執著的心，而德義就是：

- 必遵守和別人約定的事。
- 信任別人的話，則信任到底。
- 別人信任你的話，絕對不背叛別人。

這是以前日本財界的領導人物們所一直秉持的偉大無所得胸襟，而這點有些和尚都無法做到。今天即使住在狹小的地方，空間中在著佛祖，希望能以虛空藏菩薩一樣的心來過日子。

由禍得福

王先生到現在還直搔著頭說：「真是像那句話所說的一樣，假如有個洞真想鑽進去」。數年前王先生要到名古屋出差，工作告一段落後，在傍晚以前還有一點時間，於是到朋友的公司去，並且拜託認識的辦事員購買到名古屋的飛機票，聊天以後時間差不多了，王先生向他說「我要去名古屋了，機票訂好了沒有？」「啊！對不起，我忘了打電話預約」，王先生非常生氣，但也沒有辦法，只好趕緊打電話到航空公司詢問，但已經全部客滿了。

朋友說「當然啦！現在是暑假，過幾天又剛好節日，還是改訂下班機好了。」於是王先生懷著對辦事員的不滿，只好搭乘下班機到名古屋。到了名古屋機場時覺得很奇怪，機場內的電視旁擠滿了人潮，仔細一看「華航××班次名古屋墜機」，「啊！那就是我要預約的那個班次」，王先生一瞬間臉紅了起來，趕快跑去打國際電話給朋友說：「太好了！這真是所謂的由禍得福」，從此以後王先生對辦事員總覺得虧欠一份難以報答的恩情。

所謂的樂天家並不是什麼都不在乎的人，而是對於任何事情都能不過分強求，懂得順其自然的人。王先生因為聽從了朋友的話才改搭下班機，所以後來得到了幫助，如果當時對辦事員怒氣難消，硬弄到候補座位而搭上飛機的話……。

樂天家的相反是「厭世家」，厭世家就是對世上所有的東西都感到討厭，自覺毫無生存意義，對任何事情都抱持悲觀態度的人。人生本來就是不能稱心如意的東西，凡事都想要勉強去做的話，是會相當辛苦的。因為所做的事情無法順利進行，所以，會覺得痛苦。

凡是都想要稱心如意的話，則煩惱與痛苦是永遠不會消除的。但人類的行為上即使是痛苦的事情，也能因為想法的不同而變成快樂的事情。

每天早上送報的學生，頭上繫著方巾，腋下夾著報紙，奔走於家家戶戶之間。在他的後方有一個頭綁帶子、穿著短褲的老伯在慢跑著，在他紅潤的臉上流著一顆顆汗珠，這個老伯是為了補充運動不足，為了防止過度肥胖而運動的，學生則是為了生活及學費而辛勤勞動的，兩個人都是邊擦汗邊跑著，但是，老伯流下的是愉快的汗，學生流下的是辛苦的汗。

如果這學生是個厭世家，他內心裏必然想著「啊！我實在太厭倦了！大家都還在睡夢中，我卻要每天清晨三點起床，不管風吹或雨打，每天早上都要這麼辛苦，真羨慕那慢跑的老伯，我為什麼如此的貧窮，倘若我生在有錢人家裏的話……，這都是我父親的不好啊！」

如此地自憐自艾起來，最後還埋怨自己的父親。抱持這樣的想法，意志便會漸漸消沉下去。相反地，如果這位學生是個樂觀者的話，就會這樣地想吧！

「啊！每天早上是如此的清爽，早起的鳥兒有蟲吃。因為每天送報紙而使我身體相當健康，況且還有錢可賺呢！那老伯真可憐，如此地流著汗，想必是平常運動不足，臉色雖然看起來很紅潤，但不知會不會因心臟病發作而倒下來，而我真的很幸運，我和那老伯雖然一樣是在跑步，但我有酬勞，並且在五百戶人家在等著看我所送的報紙，今早也要好好地努力呢！」

如果是你，會怎麼想呢？雖然做同樣的事情但想法竟有如此的差異，這就是所謂的由禍轉福。

不管在任何痛苦、煩惱的情況下，能夠把痛苦想成是快樂的人，那麼，痛苦就可改稱為幸運。人生就好比綑綁在一起的鋼絲，現在是幸運時刻，卻繫著明天的不幸，像前面所提到的差點錯搭飛機，如踩在地雷上的人，竟能躲過一劫，真是太值得慶幸了。

「樂是苦的種，苦是樂的源」，人類所有的苦都是由於有肉體之身的緣故。身體雖然是造成苦的原因，但因體內還存在著一種像念頭般的思想作用，所以心情也可以變得「快樂」起來。

一個對任何事都很悲觀的人，若想法能作一百八十度改變的話，則可搖身一變從厭世家成為樂天家，讓我們一起來努力試試看吧！

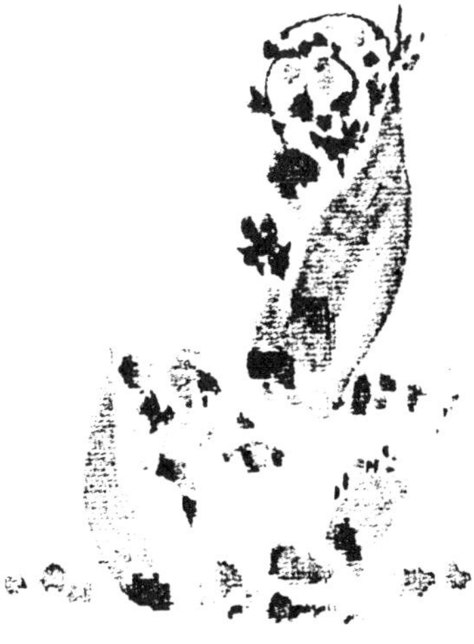

第七章

三世諸佛

佛祖橫跨三世，是我們最高的領導者。優秀的領導者有宏度清明的心，此外還有一件更重要的事情，那就是為小孩、部屬祈求將來的幸福。

每個人都會年老，如果一直想要年輕是違反天道的。上了年紀即使什麼都知道，但不隨便說話，保持緘默對年輕人的所作所為在一旁呵守看護著，有時提供他們智慧……。

教

我們常說「口才很好、聽力很好」，聽字的左偏旁是個耳字，而右下邊是個心字，即是用心地傾聽的意思。至於「聞」這個字，雖然也有聽的含意，但只有自然地進入耳中的意思。

從事於直接與客人接觸之工作的人，懂得如何去傾聽別人的話是相當重要的。那些營業成績第一名的人，只有少數是屬於「口若懸河，滔滔不絕型」的，熱衷於對方所說的話、採取專心傾聽的態度，才是那些成功營業人員的特徵。像這種人稱為「多聽」，多聽就是多傾聽別人的意見。

人年紀大了以後，會變得不太喜歡聽別人說話。此外，年輕人不喜歡聽別人的意見，凡事多基於好奇心而採取行動。但卻不知這往往就是造成失敗的原因。

有位評價很好「非常親切，能做正確判斷」的女人際顧問師，向她詢問有關人際商談的訣竅時，她說：

• 多製造給對方說話的機會。

- 對方和我們說話，在他說完之前都要很認真地聽。
- 絕對不要打斷對方的話。

「那麼要如何做才能讓對方說出回答呢？」她笑著說：「那些人自己會說出回答」。二、三個鐘頭裏，和那些能認真傾聽我們說話的人相互交談，自然而然地，自己過去那裏不對，將來該怎麼做才好，都能夠有所發現的。一位名人也說「在別人還沒有說完之前插嘴是會惹人厭的」，這實在是確實之論。

上面所說的都是聽，接下來談「說」。不管任何人只要交遊廣闊，那麼，在眾人面前說話的機會也就相對地多了起來，此時必須注意些什麼事情呢？

人們都想聽自己想聽的事情，也只聽得進自己想聽的事情，聽到自己想聽的事情則兩眼炯炯有神，聽到不想聽的事情就想打瞌睡，因此，若是要說服很多的人，則須具備有下列般的心理架構：

一、注意自己的發音：

即使聲音不是很好聽也沒關係，使用麥克風時要讓最前排及最後排的人，所聽到的音量都是一樣的。即使不用麥克風時，也要盡量發出悅耳的聲音。

二、注意自己臉部的表情：

絕對不是指俊男美女的意思，而是不要表現陰沉的表情，特別是在兩眉之間，不要擠弄出縱狀的皺紋。直到談話結束之前，都應該隨時注意是否明朗有神，這是很重要的。

三、注意說話的內容：

要去了解聽眾想聽些什麼，說話的內容要有重點，因此，在觀察對方表情反應的同時，展開讓他感興趣的話題。這必須把握下列三點原則：

(1)帶著真心、誠意來說話——把別人講過的話照單全收，或把書念一遍的說話方式是不會打動人的，要把從別人那邊聽來的，從書中得到的知識理解後，以自己的語言表達出來，如此才能說服聽眾。

(2)帶著熱情來說話——說到令自己感動的親身體驗時，眼睛含著淚，聲音變得略帶沙啞，賣力地說出自己內心的感受，如此才能扣人心弦。

(3)打住話題的技巧——自古以來有所謂「圓丸子也能弄成四角」的說法，就是指即使話題相同，只要將觀點改變的話，說話的方法也會改變。為了配合聽眾、會場的氣氛、妥善運用說話的技巧是有必要的。

「教」和「買賣」簡直可以說是同樣一件事，都要能做到不厭其煩。教是需要耐性的，被教的人即使吸收能力不好，也不用太在意，對於任何一件事情總要盡量不厭其煩地再三教導。如果是健康的人，應該沒有頭腦不好的，記不起來通常是由於記憶次數不夠的緣故。

在員工教育機構中有所謂的「地獄（魔鬼）訓練營」，在有限的天數裏給予猛烈的訓練，效果雖然可見但卻不能維持長久，至少要「魔鬼訓練一萬日」才能將所學完全牢記。和尚的基本修行要七年，比叡山和尚的修行要十二年，如果猛烈地訓練也實施一萬日的話，那麼，其成果大概一輩子都不會消失吧！

福德正神

踏入社會十年的話，大概都已擁有兩、三位以上的部屬及後輩了吧，自己突然有了部屬，不管是誰，都會對在此之前的上司、長輩所告訴我們的情形似乎完全不同，因而感到十分驚訝。若要說有什麼不一樣，那就是看法不一樣，長時間都是由下往上看，而現在則必須由上往下看。

在海中游動的魚，看到行走於海面上的船，心裏會想著「船那傢伙的形狀和我們很像哩！但都沒有眼睛地在游著，有時會撞上東西的。再說，從他們的尾部會有泡泡冒出來，一面放屁一面行走著，真是討厭，多低級的傢伙啊！」

但不久這魚因佛祖的命令變成鳥在空中飛，從天上往下看船時覺得十分訝異，「啊！以前總認為船的身體只有藍色、黑色、紅色而已，但肚子的顏色不單只有黑色、紅色，竟然也有白色、淺藍色等鮮艷的顏色，但那大船仍舊是低級的傢伙，即使在肚子裏也抽煙，實在很討厭」。

指使別人和被別人指使，觀點、看法的不同就像用魚和鳥的眼睛來看一樣。拿公司的立場來說，就是所謂的勞資雙方差別。所以，在指導別人的時候，就必須同時具備有魚和鳥的眼睛，以魚眼比作部屬的眼來看上司：

- 我的上司是否把工作交付給我？
- 我的上司是否正確地判斷事物？
- 我的上司在失敗時，是否把責任轉嫁給部屬？
- 我的上司是否英明果斷？
- 我的上司對指示的事情不任意變更嗎？

以鳥眼比作上司的眼來看部屬：

●我的部屬是否具強烈責任感？
●我的部屬工作能力如何？
●我的部屬對上司的信賴如何？
●我的部屬具有持久忍耐力嗎？

你長時間以魚的眼睛來看上司，如今對上司的觀察已經結束，接著自己就是上司了。

上司就是領導者，領導者有幾個應該注意的事項，首先就是絕對不能發怒，發怒的話就會變得格外暴躁，此時會因意氣用事而說出言不由衷的話。

容易發怒的人就好像瞬間點火熱水器一樣，一點火就熱血沸騰。領導者必須像日光燈一樣，即使被按下開關，也不會馬上就亮，總要有一副從容不迫的樣子，這是很重要的。

生氣和指責是不一樣的，所謂的指責是不加入感情因素的，不大聲叱責的。把不通情理的傢伙揍一頓有時也可以，如果沒有生氣的話，則不會加入感情，所以即使揍也能有所分寸不致讓對方受傷。

曾經有老師揍學生而使學生受傷，這是因為老師生氣動怒，不能做感情上理性的控制，於是出手便失了分寸。以前的老師常打學生，一年到頭都拿著皮鞭的老師也有，好像把學生當作馬一樣，經常施予鞭打，但是並沒有人受傷，這是因為老師並非在生氣，而是在指責。所以，學生畢業後對這些老師特別感到懷念。

曾經有個電影演員，在和自己的長子吵架之後，一怒之下放火燒了房子。這個人就沒有做領導者的資格，「作為一個領導者，應指責但不發怒」。

另外，對於部屬還要抱持著一顆體諒的心，部屬失敗時，追究責任之餘不要太給他（她）難堪，逼得別人走投無路，否則就會如同「窮鼠咬貓」（老鼠急了也咬貓）的譬喻一樣，不給部屬任何申訴解釋的機會，不得已只好走旁門左道的部屬，勢必採取猛烈的反擊，因而故意挑上司的漏洞，打擊上司的地位，像這樣的事情並非沒有，所以要特別的注意。

在郊外的鄉間小路散步時，常可以看到福德正神（土地公）雕像，在都市的小巷中有小廟，裏面也是供奉著土地公，土地公是該地方的守護神，實際上卻也表示「領導者」的意思。象徵著大地所持有的五個德性：

一、不管是多麼重、多麼輕、多麼大、多麼小的東西，大地都一視同仁地承載包容。

二、這世上存在的全部有生物、無生物，都是自大地蘊育而出的。
三、大地培育成長所有自己所生出的東西。
四、寒帶的大地耐得住極寒，熱帶的大地耐得住酷暑，而且不管碰到什麼樣的災害，大地也都能忍耐。
五、容納世間萬物的大地，肚子裏面蘊藏著一股巨大的能源。
以上這五德不也就是領導者所必須具備的條件嗎?尤其是第五項「肚子裏面蘊藏著一股巨大的能源」，更是做為領導者不可或缺的條件。領導者的能源可產生很強的力量，帶領著部屬，用這個力量來整頓，經營企業的組織。
如果你有部屬，不管在任何地方當你看到福德正神時，請拿出赤誠的心，雙手合掌，向福德正神祈求能具備這五德。

祈求

在台北的近郊有一位做糕點的名師，他肯定地說：「做糕點就是在祈禱」。對前來購買的客人感謝，對那些被用來做糕點的材料感謝，對於自己能平安無事地生活也是心存感謝。滿懷著誠心，一邊做糕點一邊祈禱著「請讓那些吃了糕點的客人感到心滿意足」，這樣的心相信客人也一定知道。

「這糕點實在很好吃」，在客人的話裏頭還含有「必然是因為用心製造的緣故」這樣的言外之意，也因此得到了很好的口碑與業績。能夠像這樣地心存感謝，以誠心來製造、販賣糕點，是要從店內的人際關係開始做起的。

一個企業組織中，上司、部屬應該要互相信賴、互相心存感謝。現在企業之間雖然盛行著「TQC活動」，但是不管任何一個部門，都應該將品質管理工作和被管理工作區分開來。

如果相互之間不能信賴的話，便會互相仇視，進而故意找對方的漏洞，但是，如果能信賴對方的話，即使做檢查也會盡量配合對方的處境來處理，即使有不良品因瑕疵而被指摘，生產線方面的人員也不會生氣，反而會很感激，因此大家便能聚在一塊，平心靜氣地互相研討「要怎樣做才會比較好呢？」像這樣的感謝與信賴是必須靠上司和部屬之間，彼此為對方至始至尾誠意祈禱所形成的。

所謂祈禱就是對佛祖禱告，但是不合道理的事情，即使再三祈求也是枉然。在「十句觀音經」中記載著「早上向觀音祈求、晚上也向觀音祈求，祈求祈求祈求，睡時醒時都不忘記祈求，這樣子祈求的事情一定能夠實現」。

這是何等強烈的經文啊！真的早晚都誦念十句觀音經的話，則自己所希望的奇蹟也有可能如願。

有人會認為「這是何等愚昧可笑的事……」，把持這種懷疑心態的人，其願望一定不會實現的。為什麼呢？因為一個根本不買彩券的人當然不會中獎。所謂的「禱告」，是必須篤信後而來祈求的，但是，為什麼如果是「合於道理的願望」，從心中不斷地祈求的話則可達成願望呢？

只要是人類，任何人都有潛在意識，一半的潛在意識是「自己本身的慾望」，另一半則是「為了他人的願望」。例如發現了寶石，想要讓它成為自己的東西時，別人也會有同樣的想法。

另外，在地價最高的台北，「如果能把台灣海峽填埋起來，則可幫助大家」，自己這麼想別人也是一樣。如果你在潛意識中下定決心「好！我一定要捨命填平台灣海峽」，當有一天時機成熟，則集中必要的人力，籌措必要的金錢，並且能持續不斷禱告的話，百年後，這項工程必定在繼承你遺志的人手中完成。

人的意志力含有無限的能源，為了引出這潛藏的能源，你的願望必須如同為世人填平台灣海峽的願望一樣，有著正確的思想和理念才行。
然而這世上帶著不正確願望的人很多，若要說為什麼，那便是因為人類的心被污染了。心被污染的人是什麼樣的人呢？
是「極端強慾而自私自利的人」、「常常迷惑於到底是這個還是那個的人」、「隱瞞自己過錯的人」、「對任何事都吝嗇的人」、「被頑固心靈所封閉的人」、「放蕩任性的人」、「驕傲自大的人」，若有抱持以上任何一種心境的人，希望你能立即反省並且改過。
這就叫做「洗心」，洗心之後則清心，若以這顆清明的心來祈求對世人有益的願望，則願望一定會實現的。

你是「虛老」或「智老」

在不知不覺中，日本成了世界第一的長壽國，這是由於醫療的發達，而使得幼兒、老年人的死亡率大為減低所致。男人的平均壽命超過七十五歲，女人的平均壽命超過八十歲，這真是讓人既高興又擔心，因為想到若以現況繼續下去，五百年後的情形將是很可怕的。

在一百五十年前，日本人的平均壽命只有四十歲左右，而現在則超過當時的兩倍，然而印度地區的平均壽命卻還在四十歲左右……。

從人口的增加數量來看，當時的日本人口約在三千萬左右，現在也已超過一億二千萬人了。而目前世界總人口則超過六十億，這一來將有什麼結果呢？

人的壽命是有限制的，由於地球上人類文明的不斷進步，幾世紀後平均壽命變成八十歲，但不管人類如何的長壽，平均壽命也不會超過百歲吧！就算是平均壽命接近一百歲，此後也可能再下降，平均壽命又降回四十歲左右，不久便又厭惡起命短的現象，於是平均壽命又開始向上回升。

或是當世界人口從八十億增加到百億超過界限時，人類會突然發瘋吧！住在北歐一帶的野鼠，由於異常繁殖而超過了界限，於是大批野鼠突然發瘋……，這一大群野鼠咬著牙往北歐的海邊前進，靠近海岸的野鼠，跳下了冰山飄浮又冷又黑的海裏，一隻隻溺死，沒有人知道這到底是什麼原因。

但是，當半數的野鼠在海中消失時，其它的野鼠都突然恢復了正常，然後就好像沒發生什麼似的，回到原來居住的地方。

這樣的事情換成是幾億人口也突然發瘋的話……，所以以深覺人口迅速增加的可怕。如果突然發瘋的話，必然就像嚴密保管中的幾千枚原子彈爆發按扭被按下，不管有多麼複雜的安全裝置，也由於裝置的製造者發瘋，所以一點都起不了效用，變得沒有什麼安全可言。

然後人口減少到剩下一半時，你愕然地發現世人所犯的滔天大罪，因而向佛祖祈求，但卻為時太晚了。不管如何地心存畏懼，然而如果這是自然道理的話……，對於平均壽命的增長也就不用太過興奮了。

以前在國內鬧飢荒時，有「廢棄老」的風俗，這是在食糧嚴重缺乏時的合理方法。上了年紀無法工作，整天吃吃睡睡的老人稱為「居候老」，現代的老人則拿退休金以槌球等運動自娛，並且盛大地慶祝敬老日，然而這也只是一種形式，年輕人並沒有打從心底真正地尊敬這些老人。什麼也不做，發呆過日子，空等老去的稱為「虛老」，年輕人瞧不起他們這是當然的。上了年紀經驗也豐富，利用這些人生的經驗，傳授智慧給年輕人，不要讓他們做白費心機的事，如此一來，年輕人則會尊稱老人為「有智慧的長者」、「智老」。

有價值的人生

時光飛逝，歲月如梭，如果你是薪水階級，假定現在已工作了二十年，不，即使不是假定，馬上也將要……。有一天早上你和往常一樣，在上班前要看報紙，卻發現報上印的字全都模糊不清，心裏想大概是睡眼惺忪的緣故吧！於是去洗把臉，再把報紙拿來看還是看不清楚，於是閉著眼把報紙拿遠一看，終於看得清楚了，「啊！老花眼，開始老花眼了！」不由得大叫起來，但是並非只有你，幾乎很多人都有這樣的經驗。

所謂老人就是指上了年紀的人，儘管如此，若打扮得很年輕做些像慢跑一類的活動，當有人誇讚說「好年輕喔！」臉上八成露出喜悅的表情吧！

不管何時，所謂的年輕通常是指精神年齡也年輕，人生智慧也稍嫌不足的意思而言不是嗎？的確，一旦上了年紀則：

- 身體到處故障而生病，經常因睡不著而心生不安。
- 因為不能工作，經濟不穩定。

•以前的朋友、妻子或丈夫逝世，失去了生存的希望而感到徬徨。

然而這是因為不知道「老人是很有價值」這個觀念所引起的。上班族從五十七歲到六十五歲都已幾乎退休，在殘餘的二十年該如何度過呢？

長年投身於工作行列，一退休就開始發呆。另外，長時間在公司打頭陣指揮的業務經理，後繼者一接任便開始發呆起來「啊！我的任務完了，接著換別人來照顧我了。」一無意識地失去了工作的意慾。

世界第一福利國家的養老院，自殺率也是世界第一，這是因為剝奪了老人工作樂趣所造成的結果。對於老人過度的照顧是不行的，家人老是說「那個不要做」，「這個也不要做」，如果全部的事情都幫老人做好的話，那老人要做的也只剩下等死而已了。

即使是需要花體力的事，但若有興趣的話，就不會覺得辛苦。連總統一年都要當「義工」一次，這就是為了要獎勵人民辛勤勞動的。發呆則失去了生存意志，有生存意志的人絕對不會發呆。

在深山獨自生活的老人、野生動物們、流浪者、流氓等，他們因為沒有任何津貼也沒有養老金，於是只好努力地勞動身體，根本沒有時間發呆。

在日本最長壽的職業是和尚及雕刻者，從九十歲到一百歲左右，他們的一生似乎有一半是在病床上渡過的，但他們不是創作了很多不朽的名作嗎？並且有些老人在心血來潮的時候，創作了一些雖然不是很好的短歌，描述自己的病痛心理歷程，然而被雜誌選為優秀的作品。

所以，老人的價值在於「智慧」，日本的「姥捨山」故事，其出處是源於古印度故事的。

有個國家的國王很討厭老人，而且國家非常貧窮，便把那些只要上了年紀的人丟到遙遠的深山裏，在國王身旁侍候國王的大臣，是一個非常孝順的人，於是把父親偷偷地藏在地下室奉養著。有一次天神出了些難題給國王，並警告說如果回答不出來，就要滅了他的國家。

題目之一是「一樣大小、形狀的雌雄兩條蛇，如何才能分辨？」

皇宮中沒有人會回答，因此張貼佈告「能回答此問題的人，將依照內心所想的給予賞賜」，大臣回家和父親商談之後，答道：「這樣的問題其實很簡單，只要在柔軟的墊子上將兩條蛇放上去，急著蠕動的便是雄的，不動的便是雌的」，不錯確實是這樣的。

另外一個問題是「一瓢的水比海水多，這句話做何解釋」。

大臣的回答是「以一顆美善的心，將這瓢水布施給父母親或病人的話，這個功德將永遠不會消失，而海水不管怎麼地多，總會有完了的時候，就是這個意思。」

因為難題都被回答出來，於是天神就沒有滅掉這個國家。不久，國王知道這都是由於大臣父親的智慧所給予的幫忙，從此以後這個國家就變成了一個敬老尊老的國度。

如果老人都像這位大臣的父親一樣，那就太棒了。例如，在鄉下居住的老人，能教授「醬菜的作法」、「用麥桿編草鞋的方法」等，大家都從各自的生活經驗中得來智慧，任何一個老人都運用自己的經驗好好生活，世間也絕不會遺棄他的，就從今天起，希望你能創造自己新的人生意義：

- 決定每週幾天，花一段時間好好讀自己喜歡的書。
- 每個月讀一本自己喜歡專科書。
- 每年交一個志同道合的朋友。

接著藉由你所喜歡的事，為你住的地方貢獻微薄心力，這樣子在你到達退休年限之前，不，該說是一直到死之前，你將是一位有價值的老人，受到世人的尊敬，而成為一名了不起的「長者」呢！

大展好書　好書大展
品嘗好書　冠群可期

大展好書　好書大展
品嘗好書　冠群可期